宮元啓一

講談社学術文庫

はしがき

仏教の歴史を扱った書物は数えきれないほどある。そして、仏教はインドの地に生まれたものであるということで、インドにおける仏教の興起を概説した書物も、これまた多い。しかし、それらはけっして一様ではなく、いちおうまがりなりにも学問的な手続きを踏んだものにかぎっていっても、少なくとも二つのグループに分けられる。

第一のグループは、ほとんどひたすら仏教に焦点を絞ったものであり、第二のグループは、インドという土壌との関連を絶えず意識しながら、つまり、古代インド思想史の一側面という観点をあらわにしながら仏教の始まりを見ようとするものである。

ただし、誤解を避けるためにいっておきたいのは、この二つのグループの研究成果は、まるで違ったものだというわけではなく、見た目ははなはだよく似ているということである。現に、インド思想や仏教を専攻しようとして、どこかの大学院の試験勉強をするときに、第一と第二、両グループの概説書のどちらを用いたとしても、こと仏教についての設問についてだけいえば、有利不利という問題が起きることはない。

しかし、そこから先は断じて違う。たとえば、井原西鶴が『好色一代男』を著したのが事実であるということで認識に変わりがないということと、西鶴のその著作をどう読んでどう評価するかということは、まったく別問題である。これとおなじことが興起時代の仏教についてもあてはまる。いささか単純化していえば(ただし、単純化という作業は、きわめて専門的な研究においても、いや、専門的であればあるほど、ますます必須のものとなるのだが)、つぎのようである。

第一のグループでは、仏教は仏教としてのみとらえられる。まず仏教ありき、すべてはそこから始まりそして仏教に終わるのである。なかには、あたかも、無人の荒野にいきなり仏教の大殿堂が出現し、という印象を与えるものすらある。概していえば、このグループの著者には、他分野(インド思想全般、哲学全般、宗教学全般)に寄り道、回り道をすることなく、学を志してから一貫して仏教(だけ)を研究対象としてきた学者たちが多い。いわゆる仏教学者といわれる人たちの大半がこれに当たる。そして、これは、あながち私の偏見とはいえないと思うが、この意味での仏教学者のほとんどは、僧籍にある人たち、あるいは人並みはずれて熱心な仏教信者たちである。この人たちにとって、仏教以外の思想、宗教、宗派は「外道」である。「外

あるといえる。

る。差があるとすれば、「仏敵」ということを露骨に表現するかしないかという点に道」という概念規定のもとにあっては、それらはみな「仏敵」という色合いを帯び

　第二のグループでは、（インド）仏教は、あくまでもインド思想、宗教、哲学のなかの一つとして扱われる。紀元前五世紀ごろから紀元後の一千年紀にわたって、思想史上、仏教はほとんどつねに主導的な役割を果たした。仏教は、今日のヒンドゥー教思想の骨格の重要部分を構成している。しかし、その仏教も、孤高にして超絶という態のものではけっしてなく、他派の思想との対立と融合のなかで生成発展していったのである。このグループでは、仏教は、そのときどきのインドの思想的土壌のなかに位置づけられて、はじめてその真の姿を現すとされる。この視点からすれば、仏教思想のなかに、「外道」の思想が認められたとしても、それは別段、意外なことではない。仏教から、単純な引き算的発想で、「外道」と共通する要素を取り除いていけば、猿のラッキョウの皮剝きではないが、おそらくほとんど何も残らないであろう。重要なのは、「外道」と共通する要素をふんだんに抱えている仏教が、どのようなわけでやはり仏教であるといえるかを見きわめることである。

　あらかじめお断りしておかなければならないのは、私が、基本的に、この第二のグ

ループの視点に立とうとするものだということである。これは、私が、大乗仏教が最大の論敵とした「外道」の一派（およびその姉妹学派）の思想の研究を、狭い意味での専門としてきたことからの、ごく自然の帰結である。と、それと結局は同じこととしかいいようがないのであるが、私がこの道を志して以来とくに熱心に読みふけった一連の著作の著者が、そしてまた私の大学院での指導教官が、ほかならぬ中村元博士であったということからの自然の帰結でもある。

中村博士の研究、著作は、第二のグループを代表するものだというだけでなく、それを先導して今日に至っている。このことは、中村博士が、わが国における比較思想研究という分野での、最大のパイオニアの一人であったし、また、今日もなお、この分野の研究の第一人者であることと表裏一体である。

比較思想研究というのは、分野としてはたしかに歴史の浅いものである。しかし、中村博士をはじめ、この分野のパイオニアを務めた人びとが異口同音に強調するように、思想（狭くは哲学）を研究するという作業は、あれこれの思想との、そして窮極的にはみずからの思想とのたえまない比較検討を行うということにほかならない。この、従来は無自覚的に行われていた比較検討の作業を、研究者みずからが明瞭に自覚し、いわば手の内をさらけだすように、研究成果のなかにも、この作業経過を明示すべきだということから出てきたのが「比較思想研究」である。もちろん、世界規模での異文化、異文明間の相互理解が不可欠になってきたという時代の要請が、この分野の確立を促したことは確かであるが、それもまた、比較検討作業を自覚し、公にするということが、偏見と予断を避けるための、おそらくもっとも有効な武器だからにほかならない。万人から、偏見、予断をもたないと認められる人はいないであろう。だからこそ、偏見、予断の可能性をみずからチェックし、手の内をさらし、他者からの批判を仰ぎやすいかたちで公表するという、比較思想研究の根本的手法は、思想研究者に、あたうかぎりの客観性と普遍性とを保証してくれる。

長すぎる「はしがき」になってしまった。ようするに、私が本書で採る視点、立場が右のようなものであることを、読者諸氏にあらかじめ示しておきたかったのである。これは、第一のグループのこの種の著作と読み較べて、いたずらに困惑したり、あるいは一方的に本書を批判、論評する人に出てきてほしくないための予防線でもある。

本書の目的は、生成という場面に光を強く当てることによって、仏教とはどのようなものであったのか（あるのか）について、なにがしかの全体的なイメージを読者に抱いていただくことにある。本書の性格上、資料を次つぎと引用したり、術語を多用することは許されない。もっと詳しく知りたい、さまざまな異説の概要も知りたいという方は、巻末の「さらに知りたい人のために」に簡単な内容案内つきで列挙した参考文献のなかから、適当と思われるものを見つけ、本書の補いとしていただきたい。

最後になったが、東京大学名誉教授・(財)東方研究会理事長の中村元先生には深く感謝申し上げなければならない。というのも、本書は、先生の初期仏教研究の成果にほとんど依存しているといっても過言ではないからである。また、筑摩書房の町田さおり氏には、本書の企画から編集実務にいたるまで、たいへんお世話になった。また、私が海外研修のためにしばらく滞在していたスペインのコルドバにまで国際電話を下さった氏の熱意には恐縮するばかりである。深く感謝の意を表したい。

一九九五年五月十日

座間の陋屋にて

著者しるす

目次

第二章　釈尊の生涯……79

古代インド仏教地図

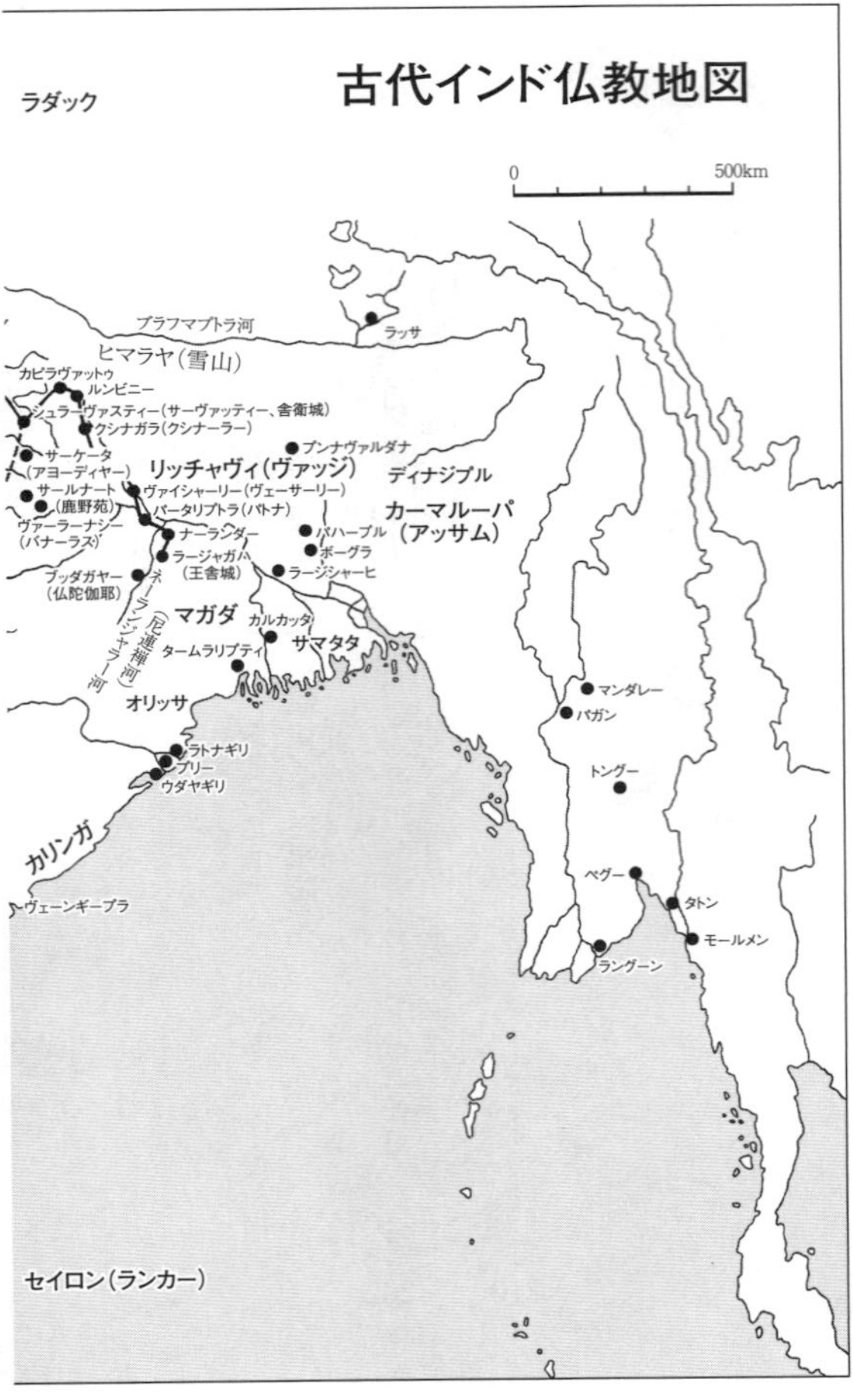
ラダック
0
500km
ブラフマプトラ河
ラッサ
ヒマラヤ(雪山)
カピラヴァットゥ
ルンビニー
シュラーヴァスティー(サーヴァッティー、舎衛城)
クシナガラ(クシナーラー)
サーケータ
(アヨーディヤー)
サールナート
(鹿野苑)
ヴァーラーナシー
(バナーラス)
リッチャヴィ(ヴァッジ)
ヴァイシャーリー(ヴェーサーリー)
パータリプトラ(パトナ)
ナーランダー
ラージャガハ
(王舎城)
ブッダガヤー
(仏陀伽耶)
ネーランジャラー河
(尼連禅河)
プンナヴァルダナ
ディナジプル
カーマルーパ
(アッサム)
パハープル
ボーグラ
ラージシャーヒ
マガダ
カルカッタ
サマタタ
タームラリプティ
オリッサ
ラトナギリ
プリー
ウダヤギリ
カリンガ
ヴェーンギープラ
マンダレー
パガン
トングー
ペグー
タトン
モールメン
ラングーン
セイロン(ランカー)

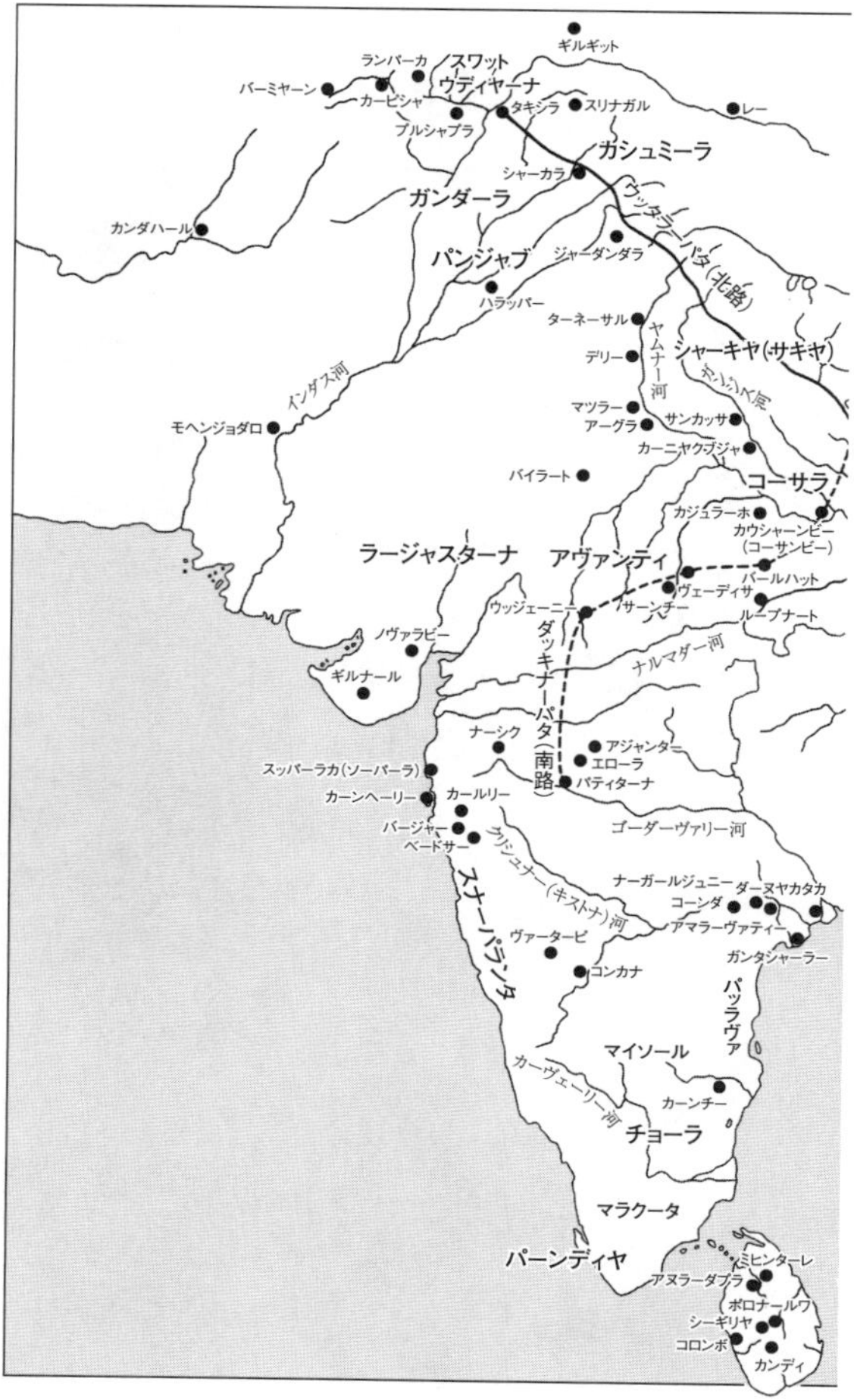

ギルギット
ランバーカ
スワット
ウディヤーナ
バーミヤーン
カーピシャ
プルシャプラ
タキシラ
スリナガル
レー
カシュミーラ
シャーカラ
ガンダーラ
カンダハール
パンジャブ
ジャーダンダラ
ウッタラーパタ(北路)
ハラッパー
ターネーサル
ヤムナー河
デリー
シャーキヤ(サキヤ)
ガンジス河
インダス河
マツラー
アーグラ
サンカッサ
モヘンジョダロ
カーニヤクブジャ
バイラート
コーサラ
カジュラーホ
カウシャーンビー
(コーサンビー)
ラージャスターナ
アヴァンティ
バールハット
ヴェーディサ
サーンチー
ウッジェーニー
ループナート
ノヴァラビー
ダッキナーパタ(南路)
ナルマダー河
ギルナール
ナーシク
アジャンター
エローラ
スッパーラカ(ソーパーラ)
パティターナ
カーンヘーリー
カールリー
バージャー
ベードサー
ゴーダーヴァリー河
クリシュナー(キストナ)河
スナーパランタ
ナーガールジュニー
ダーヌヤカタカ
コーンダ
アマラーヴァティー
ヴァーターピ
ガンタシャーラー
コンカナ
パッラヴァ
マイソール
カーヴェーリー河
カーンチー
チョーラ
マラクータ
パーンディヤ
ミヒンターレ
アヌラーダプラ
ポロナールワ
シーギリヤ
コロンボ
カンディ

仏教誕生

第一章　仏教前夜

1　輪廻説の確立

本格的責任倫理の確立

仏教が成立する思想背景として、まず挙げなければならないのは、輪廻《りんね》説と、それにともなって生じた解脱《げだつ》論とである。このうち、輪廻説というのは、みずからがなした行いの報いは、かならずみずからが受けるのであるという、自業自得《じごうじとく》ということを骨子とした因果応報《いんがおうほう》の法則と、生きとし生けるものが現在このような境涯にあるのは、それぞれの前世の行いの報いである、あるいはまた、来世の境涯は、今生の行いの善し悪しによって決定されるという観念との、この二つよりなる。

後で見るように、少なくとも、輪廻説が広くインド亜大陸に受け容れられた初期の時代には、自業自得はまさに文字どおりの意味に解され、みずからのかくあり、またかくあろうところの境涯を招くのは、得体のしれない運命や、なにがしか超越的なものとみなされる神の意向などではないとされていた。つまり、みずからにかかわるいっさいのことがらは、みずからの責任の問題としてとらえられたのである。輪廻説は、まごうかたなき差別思想であるが、生きとし生けるものそれぞれみずからの責任の所在を白日のもとにさらしたという点で、世界の思想史上ならぶもののない徹底した自己責任倫理、つまり、神にしろ世間にしろ、ともあれ他者による信賞必罰に動機づけられた他律的なものではなく、あくまでもみずからのうちで完結する自律的な責任倫理をもたらしたといえる。

輪廻説というのは、原理的にはそれほどむずかしい説ではなく、その内容は、ほとんど右の説明に尽きる。しかし、長い時代を経、地域によるこまごまとした変容をこうむった結果、本来の輪廻説では考えられないような通説、俗説がまかりとおっているのも事実である。たとえば、わが国でも、「親の因果が子に報い」というのが輪廻説であるとか、輪廻は、生きとし生けるもの、とりわけ人間が精神的に高度の成長を遂げるための絶妙のシステムであり、輪廻こそが人間の救いであるとかといったいいかたが、まかりとおっている。思想は生きものであって、時代と地域によって大きく変容するものであることはたしかであろうが、あまりにも本来の意義から遠ざかったところで人びとの日常の思考と行動を、あまり芳しくないかたちで束縛するというのであれば、少しく本来の意義を明かすということも必要となろう。

さて、因果応報の法則は、輪廻説の根幹をなすものであるが、成立史的には別ものとして扱うべきだと考えられる。以下、その経緯を追うことにしたい。

因果応報

現在の学界の定説では、輪廻説は、紀元前一五〇〇年前後以降数波にわたってインド・アーリヤ人が侵入してくる以前からインド亜大陸に住みついていた先住農耕民族（といっても複数あり、そのどれと特定することはできない）が、いつのころからか伝えてきたものがもとになっているとされる。しかし、本格的責任倫理として完成した輪廻説の骨格をなす、厳密な意味での因果応報の原理それ自体は、どうやらアーリヤ人たちによって練り上げられてきたもののようである（アーリヤ人たちが携えてきた宗教には、いくつかの呼称があるが、ここでは、かれらが奉ずる聖典の呼称にちなんで、箇潔平明に「ヴェーダの宗教」と呼ぶことにする）。

『リグ・ヴェーダ』（神々を祭祀の場に勧請《かんじょう》するための讃歌を集めた聖典）をはじめとする初期のヴェーダ聖典によれば、死者の国（冥府）は一様で、そこにはなんの境涯上の差別もなく、死者たちはひとしなみに幸福な生活を送るとされていたようである。

世界で最初の死者はヤマであった。ヤマには、近親相姦関係にある妹ヤミーがいて、兄の死を嘆き悲しむことただならぬものがあった。そこで神々は、ヤミーの悲しみを徐々にやわらげるために、日月という、去りゆく時間を創ったという。一方ヤマは、何しろ最初の死者だということで、冥府の王となる栄誉にあずかった。冥府で死者を裁く恐ろしい閻魔大王は、われわれに馴染み深い人物であるが、この「閻魔」というのは、「ヤマ」の音写漢訳語である（「夜摩（天）」という漢訳音写語もある）。ただし、この段階では、ヤマは死者を生前の行いに照らして厳正に裁くという役割を担ってはおらず、ひたすら柔和で恵み深い王というだけであった。

やがて急速に文明度が高まり、社会秩序の基本としての階級区分がうるさくいわれるようになると、冥府のありかたも大きく変わってきた。

ヴェーダの宗教を直接管掌するのは、のちにバラモン（原語は「ブラーフマナ」、音写漢訳語で「婆羅門」、その日本語片仮名表記が「バラモン」）と自他ともに称せられることになる祭官階級であった。バラモンたちは、その立場を最大限に利用し、たがうことのないことば、とくに呪詛のことばを武器として、社会の最上階級としての地位を確保した。かれらの収入源は、祭祀執行にたいする報酬である。バラモンたちというのはなかなかにしたたかで計算高く、いやがおうでも多くの祭祀を催すように人々を誘導した。祭祀をあまり催さなかったり、祭祀執行にたいする報酬をけちった

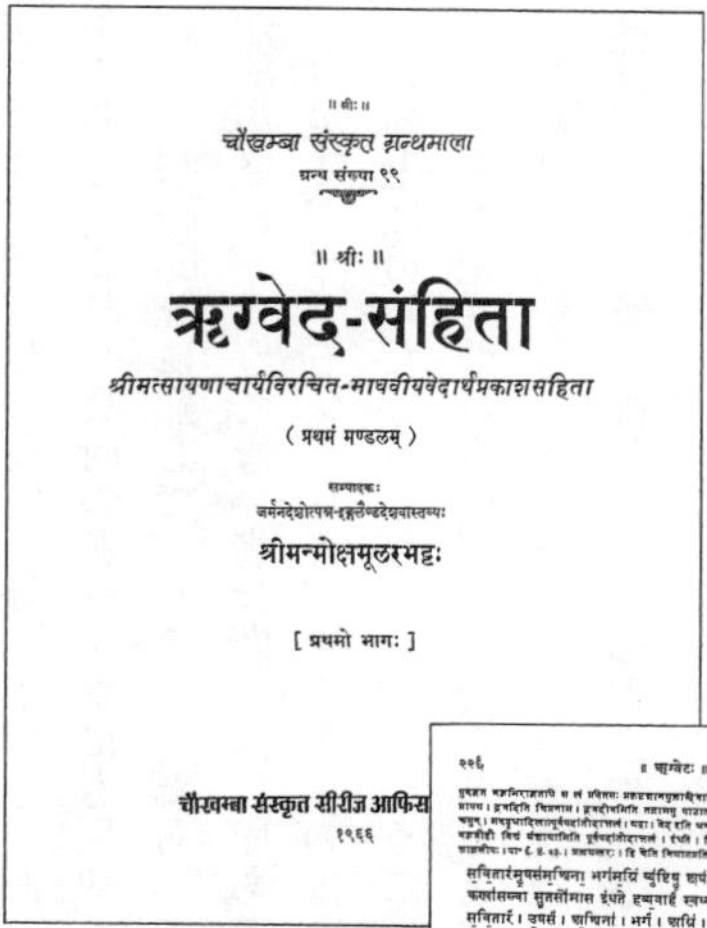

॥ श्रीः ॥
चौखम्बा संस्कृत ग्रन्थमाला
ग्रन्थ संख्या ९९

॥ श्रीः ॥
ऋग्वेद-संहिता
श्रीमत्सायणाचार्यविरचित-माधवीयवेदार्थप्रकाशसहिता
(प्रथमं मण्डलम्)

सम्पादकः
जर्मनदेशोत्पन्न-इङ्गलैण्डदेशवास्तव्यः
श्रीमन्मोक्षमूलरभट्टः

[प्रथमो भागः]

चौखम्बा संस्कृत सीरीज आफिस
१९६६

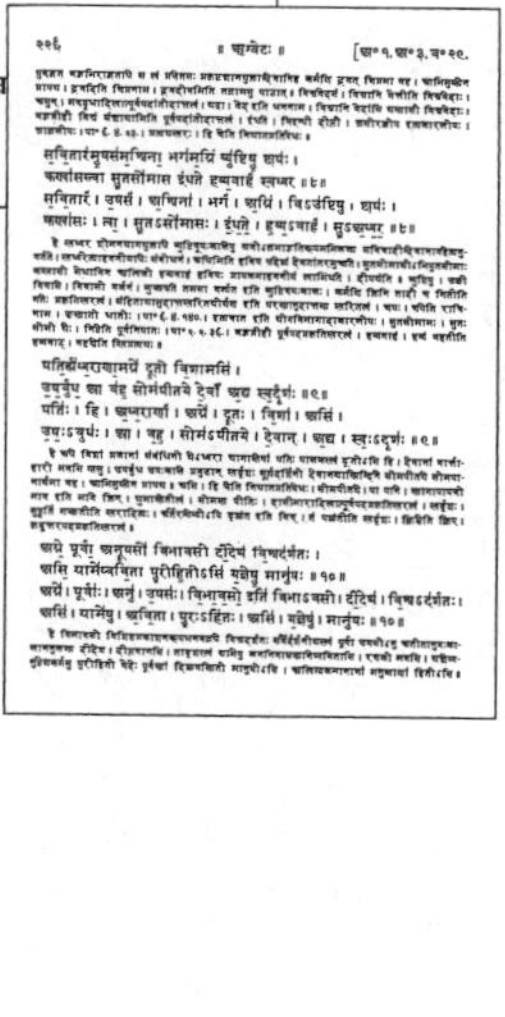

२२६　॥ ऋग्वेदः ॥　[अ०१, अ०३, व०२९.

सवितारमुषसमश्विना भगमग्निं व्युष्टिषु क्षपः ।
कण्वासस्त्वा सुतसोमास इन्धते हव्यवाहं स्वध्वर ॥८॥

पतिर्ह्यध्वराणामग्ने दूतो विशामसि ।
उषर्बुध आ वह सोमपीतये देवाँ अद्य स्वर्दृशः ॥९॥

अग्ने पूर्वा अनूषसो विभावसो दीदेथ विश्वदर्शतः ।
असि ग्रामेष्ववितां पुरोहितोऽसि यज्ञेषु मानुषः ॥१०॥

『リグ・ヴェーダ』の扉（上）と本文ページ（右、小さい文字は注釈）

りすれば、恐ろしい災厄が降りかかるであろうということを、執拗に説いてまわったのである。これが冥府のありかたにも反映され、冥府は、光の国と闇の国とに二分された。祭祀開催に熱心で、バラモンたちへの報酬を惜しまなかった人びとには光の国が約束され、そうでない者は闇の国に堕ちるというのである。

やがて、バラモンたちも、みずからの権威を不動のものとするため、祭官としての質の向上に努めなければならないということになってきた。

おそらく紀元前八世紀ぐらいであろうとされているが、そのころに、祭祀行為の起源と意義は何かということを、神話や説話のかたちを借りながら説明するヴェーダ聖典（ブラーフマナ文献）が次つぎと作成された。そして、祭祀行為の意義を熟知した上で行う祭祀は十分の効力を発揮するが、そうでなく行う祭祀はその目的を達成することができないと考えられるようになった。行為よりも知を重視する傾向は、短時日のうちに止めようもないほど加速度を増し、ついには、ほとんど知のみが光り輝く最後のヴェーダ聖典であるウパニシャッド文献群の成立へと向かう。

比較的後期に編纂された『ジャイミニーヤ・ブラーフマナ』には、闇の国などという漠然としたものではなく、まさに「地獄」というべき死後の世界が描かれている。そのあらましは次のとおり。

自然界と人間界の秩序である天則（リタ）の監視者である厳格なヴァルナ神に、ブリグという名の息子がいた。ブリグはおのれの知的才能を鼻にかけ、驕りたかぶっていた。父のヴァルナは、それをたしなめるため、息子を地獄へと送りこんだ。地獄を遍歴するなかで、ブリグは、死者たちが、まるで薪のように割り裂かれているなど、今まで見たことも聞いたこともない数かずの悲惨な光景を目にした。この世に引き戻されたブリグに、父は、祭祀の意義も知らずにむやみに薪を割り裂いた者は、地獄に堕ちてみずからが同じ目に会うのだ、うんぬんと、教えを説いた。

これは、「ブリグの地獄遍歴」としてよく知られた説話である。ここでは、生前に、無知ゆえにかくかくしかじかの罪を犯した者は、地獄においてきちんとそれに応じた報いを受けるという因果関係がはっきりと示されている。生まれ変わり死に変わりという輪廻説とはちがいながらも、まさに自業自得、因果応報というべき自己責任倫理の原型が、明確なかたちをとって現れている。

輪廻説がいったんヴェーダの宗教に採りこまれるや、きわめてすみやかに、バラモンが呪縛的に支配している社会の基本倫理として定着したというのも、このように、すでにバラモンたちのあいだで、輪廻説の不抜の骨子となるべき因果応報の倫理思想が広く行われていたからにほかならないと見るべきであろう。

輪廻説と再生思想

輪廻説という死生観を手短にいえば、生きとし生けるものは、死んでは何かに生まれ変わり、また死んではまた何かに生まれ変わるというサイクルを延々と繰り返すという考えのことである。いいかえれば、生類《しょうるい》は、再生と再死を繰り返すという考えである。文化人類学者の著作をひもとくまでもなく、少なくとも死後の再生というテーマは、古今東西の農耕社会に広く認められるものである。麦や稲は、実を結べば枯死するのみである。しかし、死んだ状態にあるとしか見えない実は、また季節がめぐってくればまた新しい芽を吹く。これは、新たな生命の誕生であるかに見える。キリスト教の「一粒の麦もし死なずば」という訓話の発想の根底もここにある。

原初の儒者たちは、死者を再生させるための呪術に長けた職能者であったという。わが国の宗教儀礼は、堅苦しい政治倫理ではない、再生呪術としての儒教の影響を非常に古い時代から受けてきた。もちろんそれは、いわゆる固有の再生思想があったからこその受容であったであろうが、死者再生（多くは、生者の生命力を活性化するための擬似的な死と再生ではあるが）というモチーフが随所に見られることは、ここであらためて例を挙げて説明するまでもないであろう。

ただ、いささか不思議なことに、再生思想は世界のいたるところに見られるとしても、再生のあとに再死があり、また再生があって再死がありという事態を繰り返すということをあからさまに唱える宗教思想、つまり輪廻説は、古代にあってはギリシアとインドにしか現れなかった。

古代ギリシアの輪廻思想とキリスト教の時間論

古代ギリシアの輪廻思想としてとりわけ目をひくのは、紀元前六世紀に、南イタリアのギリシアの植民都市で活躍したピュタゴラスの断片的な言行録である。いうまでもなく、かれは、かの三平方の定理の発見者と伝えられている人物である。かれは、ギリシア古来の神秘主義宗教オルフェウス教の一分派であるピュタゴラス教団の開祖でもあった。世界の森羅万象を数の調和（ハルモニア）で説明し尽くそうというのがこの教団の最大の特色であり、数学が瞑想（テオリア）の手段とされた。かれは、人びとによってぶたれている犬を見て、ぶつのはやめてくれ、その犬はかつての自分の友人だったのだ、自分にはそれがよくわかるのだと哀願したと伝えられている。

また、かれの教団の戒律には、一見奇妙な項目が挙げられている。そのなかでも有名なのは、豆を食ってはならぬ、という一項である。西洋では今日でもジョークの材料によく用いられているこの一項が、本当のところ何を考えてのものなのか、資料があまりにも断片的にすぎるのでよくはわからない。しかし、輪廻説を前提とすれば、今は死んだ状態であるが、再生の生命力にあふれた豆というものは、かつての自分の肉親や知り合いだった人物の魂が宿ったものだとの可能性があるわけで、それを食らうというのは、その人物を食らうという残酷な行為であると考えられたのではないかとの推測はつく。

プラトンの対話篇にも、魂の輪廻転生《てんしょう》を前提とした議論が見られる。じつは、古代ギリシアの時間の観念は、インドの時間の観念と共通したところが多いのである。古代ギリシアでは、金の時代、銅の時代、鉄の時代、木の時代という、堕落史観にもとづく四時代が一宇宙期をなし、この宇宙期が始めも終わりもなく繰り返される、そして生類はその永劫の回帰のなかで再生と再死を繰り返す。ニーチェの永劫回帰の思想は、ここにその発想の基盤をもっている。インドでは、堕落史観の四時代は、クリタ・ユガ、トレーター・ユガ、ドヴァーパラ・ユガ、カリ・ユガに該当する。あとは古代ギリシアの場合とほぼ同様である。こうした時間の観念のもとでは、すべては過去の出来事の繰り返しでしかない。日のもとに新しきものなべてなし（There is nothing new under the sun.）である。

これと対照的なのはキリスト教の時間の観念で、それを確定したのが、教父時代を代表する神学者、アウグスティヌスであったとされる。それによれば、世界は、神による創造という疑うことのできない始まりがあり、最後の審判のための世界の終末という、これまた疑いを許さない終わりがある。すべてのできごとは、一回かぎりのものであり、真の意味での繰り返しはありえない。人類は、とりかえしのつかないできごとに関与しつつ、まっしぐらに終末の日へと突き進むというのである。そこで、しばしば、古代ギリシアの時間の観念は円環的時間論、キリスト教のそれは直線的時間論と名づけられ、近現代的な意味での「歴史」というものは、直線的時間論を前提にしてのみ成り立つといわれたりする。じっさい、一回性のできごとを正確に記述することだけが自分の使命だと強調するごりごりの歴史学者は、俗に「歴史は繰り返す」とか、「歴史から教訓を得る」（教訓が得られるというのは、同じできごとの繰り返しがあるというのにほぼ等しい）とかといわれることを極端に嫌う。

輪廻説の登場

古代ギリシアの輪廻思想と古代インドの輪廻説の先後関係、影響関係が問題とされることがあるが、それはいまだ立証されていない。そうした関係があったかもしれないし、なかったかもしれない。古代ギリシアの輪廻思想が、古代エジプトの再生思想（数かずの「死者の書」に見られるオシリス神話）の影響によるものだというのはありうる話である。しかし、それ以上に話は進展しない。ギリシアは西洋といってもその東の端に位置するし、インドは東洋とはいっても日本などにくらべればはるかに西洋に近いところにある。ギリシアとインドは、案外距離的には近いところにあるのだが、輪廻思想については、それぞれの地で独自の起源をもつものだとしておくのが無難であろう。

さて、インドの輪廻説がはっきりと文献に登場するのは、紀元前八世紀ごろ、後期ブラーフマナ文献と最初期のウパニシャッド文献においてである。その輪廻説は、「五火説」と「二道説」というかたちで現れる。「輪廻」（サンサーラ）ということばはまだ用いられていない。『チャーンドーギヤ・ウパニシャッド』では五火二道説というかたちで不可分のものとして扱われているが、五火説と二道説とは、本来は別々に成立したもののようで、おそらく五火説のほうがいくぶんか古い。

五火説

五火説は、祭祀行為になぞらえて、死者が生まれ変わる過程を説いたものである。

ヴェーダの祭祀は、基本的に、供物（犠牲獣もふくむ）を火に投ずるという行為を骨子とする。もう少し詳しく、やや大がかりな祭祀についていえば、まず、なにもない更地を選んで結界を設定する。祭祀の種類に応じて、しかるべき祭壇や炉を土で築く。祭祀に用いる道具（おもに木製）をこしらえる。木材を用いて火を燧《き》り、乾燥した牛糞などの燃料を燃やす。その祭祀の目的にかなった祭神を、祭場の上空に勧請する。炉に燃える火は火神アグニにほかならない。火に供物を投ずる。この行為をホーマ（音写漢訳語で「護摩《ごま》」）という。アグニがそれを上空に来臨している祭神に届ける。この本祭が終了したら、祭壇、炉、道具のいっさいを破壊し、結界を解いてまたもとの更地に戻す。あとにはなにも残らない。つまり、ヴェーダの祭祀は、本来、恒久的な祭の場（寺院など）で行うものではなかった。ヴェーダの宗教というのは、まことにもって考古学者泣かせの宗教というべきである。

さて、五火説は、つぎのように説かれる。

「かの世界はまさに祭火である。太陽こそその薪、光線はその煙、昼はその焔、月はその炭、星はその火花である。この祭火のなかに、神々は信を供物として投げ入れる。この献供《けんぐ》からソーマ王が出現する。

雨雲はまさに祭火である。風こそその薪、霧はその煙、稲妻の閃光はその焔、稲妻はその炭、霰《あられ》はその火花である。この祭火のなかに、神々はソーマ王を供物として投げ入れる。この献供から雨が出現する。

大地はまさに祭火である。歳こそその薪、虚空《こくう》はその煙、夜はその焔、四方はその炭、四維（北東など）はその火花である。この祭火のなかに、神々は雨を供物として投げ入れる。この献供から食物が出現する。

男はまさに祭火である。ことばこそその薪、気息はその煙、舌はその焔、眼はその炭、耳はその火花である。この祭火のなかに、神々は食物を供物として投げ入れる。この献供から精液が出現する。

女はまさに祭火である。陰部こそその薪、性的誘惑はその煙、陰門はその焔、挿入はその炭、性の歓びはその火花である。この祭火のなかに、神々は精液を供物として投げ入れる。この献供から胎児が出現する。

このようにして、第五の献供にさいして、水は人間のことばを語るようになるというわけである。この胎児は胞衣《えな》におおわれて、十ヵ月あるいは適当な期間、胎内に留まって、そののち生まれる。それは生まれると、寿命のあるかぎり生きる。その者が死ぬと、指示されたところ、すなわち、その者がそこからこの世に来て、そこから生まれたところである〔荼毘《だび》の〕火へと運ばれる」

（『チャーンドーギヤ・ウパニシャッド』五・四・一〜五・九・二）

かなりわかりにくいところがあるとはいえ、これを要約すれば、死んで荼毘（第一の祭火）に付された者は、いったんソーマ王（つまり月世界）に赴き、そこにしばし留まった後、雨となって地上に落下し、植物に吸収されて穀物などの食物となり、それを食べた男の精子となり、女の胎内に注ぎこまれて胎児となり、かくしてまたこの世に生まれる、というプロセスで輪廻するということである。

二道説

『チャーンドーギヤ・ウパニシャッド』では、この五火説にただちに引きつづいて、二道説が説かれる。

「このように〔五火説を〕知る人びと、あるいは林間において、信は苦行であると見る人びとは、〔死後、荼毘の〕焔に入り、焔から昼に入り、昼から月の満ちていく半月に入り、月の満ちていく半月から太陽の北行する六ヵ月に入り、この六ヵ月から歳に入り、歳から太陽に、太陽から月に入り、月から稲妻に入る。このとき、人間ならざる人物がこの人びとをブラフマン（中性名詞で、宇宙の根本原理、梵のこと）へと導く。これが神々の道（デーヴァ・ヤーナ）という道である。

しかし、村落において、祭祀と善行と布施が〔信である〕と見る人びとは、〔死後、荼毘の〕煙に入り、煙から夜に入り、夜から後の半月（月が欠けていく半月）に入り、後の半月から太陽の南行する六ヵ月に入る。この人びとは歳に達しない。〔この人びとは、太陽の南行する〕六ヵ月から祖霊の世界に入り、祖霊の世界から虚空に入り、虚空から月に入る。これ（月）はソーマ王であり、神々の食物である。神々はそれを食べる。〔この人びとは、神々の食べた〕残りがあるあいだそこに留まり、それからまた、やって来た道を引き返す。〔すなわち、〕虚空へ戻り、虚空から風に戻る。風となって煙となり、煙となって霧となる。霧となって雲となる。雲となって〔地上に〕雨と降る。その人びとは、ここ〔地上〕において、米、麦、草、木、胡麻、豆となって生まれる。まことに、ここから脱出することはむずかしい。だれかが〔これを〕食物として食べ、精子を〔女性の胎内に〕注ぎこんだときに、ようやく生まれ変わるのである。したがって、この世において好ましい行いを積む者は、〔死後、右の過程を経て〕好ましい母胎に、すなわち、バラモンの母胎に、あるいはクシャットリヤの母胎に、あるいはヴァイシヤの母胎に入るにちがいない。しかし、汚らわしい行いを積む者は、汚らわしい母胎に、すなわち、犬の母胎に、あるいは豚の母胎に、あるいはチャンダーラの母胎に入るにちがいない。

これとはまた別に、小さな生きものたちは、この二つの道のいずれにもよることなく、『生まれよ』『死ね』というぐあいに、繰り返し〔この世に〕戻ってくる。これが第三の境涯である。そこで、かの世界は〔死者で〕一杯にならないのである。したがって、人は〔行いを正しくしてみずからを〕守らなければならない。そこでつぎの詩頌がある。

『黄金を盗む者、酒を飲む者、
　師の寝所を侵犯する者、バラモンを殺す者、
　これらの四者は没落する。
その者たちと交わる第五の者も』

しかし、このようにこれら五火を知る者は、たとえそうした者たちと交わろうとも、悪に汚されることがない。このように知る者は純粋であり、清浄であり、福徳の世界を得る者である」

（同、五・一〇・一～一〇）

なお、二道説は、やや成立の新しい『カウシータキ・ウパニシャッド』で、やや興味深い展開を見せる。たとえば、つぎの一節。

「この世界から逝く者たちは、みな月に赴く。……まことに月は天界《てんがい》の門である。それは、〔それが発する『なんじは何者ぞ』という問いに〕答える者を通過させ、答えない者を雨として〔地上に〕降らせる」（一・二）

月が死者を尋問し、それによってその者が二道のいずれに進むべきかを決定するという設定は、『チャーンドーギヤ・ウパニシャッド』には見られなかったものである。しかし、月ではないが、死者を尋問する者がいるという考えは、じつは、それよりもやや古い成立のものと思われる『ジャイミニーヤ・ブラーフマナ』においても見られる。こうした、死者の尋問者という設定が、やがて、ヤマ（閻魔大王）が死者の生前の行状を審理して、その進むべき道を判定するという、われわれに、そしてまた今日のヒンドゥーたちにもお馴染みの話へと発展していったのである。

さらに『カウシータキ・ウパニシャッド』は、月の尋問に答え得た者の行く経路を明かす。その者は「神々の道」をたどる。まずアグニ（火神）の世界にいたり、その後順次、ヴァーユ（風神）の世界、ヴァルナ（水天）の世界、アーディッティヤ（太陽神）の世界、インドラ（帝釈天）の世界、プラジャーパティ（造物主）の世界を経て、最後にはブラフマー（梵天）の世界に到達するとされる。

このウパニシャッドでは、ブラフマーの世界のありさまが、かなり詳細に描かれている。それをここで詳しく紹介する暇はないが、ともあれ、それは楽園ともいうべき世界である。そこには「アミタウジャス」（無量の光にあふれた、の意）という名の寝床があるという。紀元前後に成立した大乗仏教に登場する超越的ブッダである阿弥陀仏の異名は「無量光仏」である。無量の光にあふれた極楽世界という発想の起源の一端は、案外、ここにもあるというべきかもしれない。

輪廻説は王族の伝承

『チャーンドーギヤ・ウパニシャッド』は、五火説と二道説とを連続したものとして扱っており、最初期の輪廻説の骨格を知るのにまことに便利で貴重な資料である。

それによれば、哲学議論の好きな東方ヴィデーハ国のジャナカ王のもとに、ヤージュニャヴァルキヤとならんでウパニシャッドの二大哲人と称されるウッダーラカ・アールニの息子、シュヴェータケートゥが直参した。王は、シュヴェータケートゥが父からすべての教えを受けたということを確認してから、さまざまな質問をした。その一つに、「死者の国はなぜ死者で一杯にならないのか」というのがある。死者がひたすらいつまでも死者でありつづければ、とうの昔に死者の国は人口過剰で破綻しているはずで、これ以上、死者を受け容れる余地はないはずなのに、あいかわらず、人(生類《しょうるい》)は死んで死者の国になだれこんでいる、これを不思議とは思わないかというのがその質問の趣旨である。

こうした数かずの質問に、シュヴェータケートゥは返答ができなかった。そこで王は、当今最大の哲人との令名高いウッダーラカ・アールニという父からすべての教えを受けたというなんじのことばは偽りではないかと問いつめる。シュヴェータケートゥは、家に帰って、父に、肝心かなめのことを父は自分に教えてくれなかったではないかと、父をとがめた。その父、ウッダーラカ・アールニは、あとで見るヤージュニャヴァルキヤとは好対照ともいえる謙虚の人であり、それは自分も知らないことであると認め、時日を置かず、ジャナカ王のもとに出向き、丁重に教えを乞うた。

ジャナカ王は、しばし躊躇したのち、ウッダーラカ・アールニに、じつは、この教えは王族にのみ伝えられてきたものであり、バラモン階級の知らぬところであると前置きをした上で、やおら五火二道説を説きはじめた、ということになっている。

程度の差の問題という側面はあるが、おそらく、本来のヴェーダの宗教をかなり純粋に受け継いできたバラモン階級にくらべて、現実に先住民族を支配、管理する役割を担ってきた王族（武人）階級は、相当に昔から、先住農耕民族と、婚姻関係などを通じて深く交渉をもってきたようである。「王族にのみ伝えられてきた」というのは、「先住民族から受け継いできた」とのいいかえにほかならないのではないか、というのが今日の学界の定説である。

ヒンドゥー教というのは、バラモン至上主義を骨として、その肉や皮は、一見無原則とも見えるほどに、先住民族の宗教観念、宗教儀礼より成り立っているのである。先に、再生思想を通じて輪廻思想に結びつく観念は、農耕民族においてこそありえたのではないかと述べた。ヴェーダの宗教を奉ずるインド・アーリヤ人は、インド亜大陸に、とくにインダス河中流域のパンジャーブ（五河）地方に入ってからは、定住農耕民族と化していったとはいえ、もともとは非定住型の遊牧民族であったということを忘れてはならない。

輪廻説のその後の展開

二道説では、輪廻転生の道である祖霊たちの道と、そこからの永遠の脱却の道である神々の道とが説かれた。

輪廻転生は、再生を繰り返すということであるが、これはただちに、再死を繰り返すということにほかならない。この世に生を享けた者は、望みどおりには生きられないという葛藤と、死に代表される喪失の悲哀とを避けることができない。こう考えたとき、輪廻転生は苦しみ以外のなにものでもなくなり、そこからの永遠の脱却である解脱が、なにものにも替えがたい目標として立ち現れてくる。解脱したならば、もはや再び生まれ変わることがなく、したがって、今生における死を最終のものとし、もはや死を繰り返すことがない。

そのような状態を、人びとは「不死」（アマタ、アムリタ）と呼んだ。初期仏教でも、とくに古い文献には、このことばがよく用いられているが、別に「涅槃《ねはん》」（ニッバーナ、ニルヴァーナ）ということばが用いられることもある。「涅槃」というのは、とくに仏教とジャイナ教の専門用語の観があるが、ヒンドゥー教でも、ときとして用いられる。

仏教はまた、解脱を渡河にたとえ、輪廻転生の苦しみの世界を「此岸《しがん》」、解脱して苦しみから解放された窮極の平安、寂静《じゃくじょう》の境地、つまり不死、涅槃を「彼岸《ひがん》」と呼ぶ。

では、解脱はいかにして可能か。これは、輪廻転生の原理を見定めることによってのみ可能である。そこから、輪廻転生（因果応報）をもたらす原動力はなにか、その原動力の担い手（つまり輪廻する主体）はなにかという問題が、真剣に考究されるようになった。

この考究において、後世に決定的な影響を与えたのが、先のウッダーラカ・アールニとともにウパニシャッド最大の哲人と称えられるヤージュニャヴァルキヤである。かれは、志向にもとづいて発現せしめられる各自の善悪の業《ごう》こそが、輪廻転生の原動力であり、その志向を抱く自己（アートマン、自己同一性の原理、自我、霊魂、生命原理、漢訳では通常「我《が》」）こそがその担い手であることを明らかにした。また、業というのは、第一義的には「行い」であるが、それが、目に見えない潜在的な実体的な力に転じて蓄積されるという考えも、ほぼかれによって完成された。

かれ自身の中心理論は一元論であり、肉体などとはまったく別物としての、いわくいいがたい真実のアートマンを感得することが解脱であるとするが、一元論の真実の姿よりして、本来、アートマンは輪廻とは無縁のものである、輪廻すると見るのは無知による惑わしによるのであるとした。

この考えは、直接には後代のシャンカラ（紀元後八世紀）の不二一元論に連なるも

ナーガールジュナ像（チベット所伝）〔講談社『人類の知的遺産13　ナーガールジュナ』より〕

のであるが、大乗仏教最初の学派の開祖であり、空思想を唱道した竜樹《りゅうじゅ》（ナーガールジュナ、紀元後二〜三世紀）の論法の基本をなすものでもある。

もちろん、竜樹は無我説に立つのであるが、ヤージュニャヴァルキヤの一元論における「真実のアートマン」は、ほかならぬ竜樹その人の無我説とは矛盾しない。しかたなく用いる「ことば」が両者で異なるだけである。

最初期の仏教は、「無我説」というよりは「非我説」というべきものであるが、これもまた、ヤージュニャヴァルキヤの「真実のアートマン」論の仏教版といってさしつかえない。

また、時代が経つにつれ、輪廻的生存の領域（生まれ変わり先の境涯、漢訳で「趣」あるいは「道」）の分類が固定されていき、天（神）、人、畜生、餓鬼、地獄の五趣輪廻説と、それに阿修羅《あしゅら》を加え、人と畜生のあいだに置く六道輪廻説とが支配的となる。紙幅の関係で、これについての説明は行わない。ただ、古いヴェーダの宗教では不老不死とされていた天が、輪廻説が登場してからまもなく、輪廻する生きものとして考えられるようになったということだけ指摘しておくにとどめる。

2　初期の出家とバラモンたちの抵抗

「出家」ということば

「出家」ということば、そしてまた、「出家」を実質的に指す別のことばの、インドにおける原語（サンスクリット語）をいくつか列挙し、その意味を考えてみる。「出家」の理念のあらましをつかむには、これがいちばん手っ取り早い方法だからである。

一、プラヴラージャカ。女性形はプラヴラージカー。「出ていく」を意味するプラヴラジュという動詞語根からの派生語。「出家」「出家する」のイメージにもっとも近い。

二、パリヴラージャカ。女性形はパリヴラージカー。「ぐるぐると歩き回る」を意味するパリヴラジュという動詞語根からの派生語。別の漢訳語に「遊行《ゆぎょう》」というのがあり、訳語としてはそのほうがぴったりする。内容の上では、「一所不住《いっしょふじゅう》」という、本来の出家の生活形態をもっともよく表している。

三、ビクシュ。女性形はビクシュニー。「分け前（とくに食物の）にあずかる」を意味するバジュという動詞語根から派生した意欲動詞語幹で、「食を乞う」を意味するビクシャからの派生語（ビクシャは、もとの動詞語根とは大きくかけはなれた意味をもつので、最後の短いア音を除いたビクシュが、独立の動詞語根の扱いを受けることが多い）。別の漢訳語に「乞食《こつじき》」というのがあり、そちらのほうが原義に忠実である。また、音写漢訳語では、「比丘《びく》」「比丘尼《びくに》」というのがあり、きわめてポピュラーに用いられる。「托鉢《たくはつ》」「托鉢僧」というのも意味は同じである。出家は、金銭、食物などの蓄財をしないので、その日その日の糧は、鉢ひとつをもって近隣の家々をめぐって得るのである。

四、サンニヤースィン。女性形はサンニヤースィニー。「いっさいを放棄する」を意味するサンニヤスという動詞語根からの派生語。仏教ではなく、ヒンドゥー教の出家の呼称としてよく用いられる。ぼろの衣と鉢一つ以外、原則としていかなるものも所有しない人、そしてまた、世俗的な価値観をいっさい捨て去った人を意味する。

そのほか、ヤティ、タパスヴィンも、しばしば「出家」を実質的に指すことがあるが、原義は「苦行者」である。非バラモン系の出家はシュラマナ（とことん努め励む人、音写漢訳語で「沙門《しゃもん》」）と呼ばれたりする。これについては、次節で詳しく触れる。

出家とは

「出家」と訳しうるサンスクリット語をいくつか見たが、これだけでも、出家とはどのような人のことをいうのか、出家の理念とは何であるのかは、かなりよく理解できる。これに少しばかりの補足説明を加えたい。

最初期の輪廻説の一つである二道説で、輪廻転生の道と、もはや輪廻することのない解脱の道とが説かれた。

輪廻は苦しみであり、これに気づいた人は、輪廻からの脱却をねがうようになる。ところで、輪廻転生の原動力は、生前の行いの善し悪し、つまり功徳《くどく》（善）と罪障《ざいしょう》（悪）とである。善悪というのは、いうまでもなく、われわれが日常生活のなかで、あるいは意識的に、あるいは無意識的に積んでいくものである。日常生活の秩序の根本は善悪の弁別にある以上、日常生活を営むということは、善悪の業を積みつづけるということにほかならない。解脱をねがう人は、善悪の業を積むことを止め、すでに積んだ業をほろぼさなければならない。したがって、そのような人は、日常生活から離れなければならない。つまり、世俗（世間）の生活、それを成り立たせている善悪の価値観を捨て去り、出世間の人にならなければならない。世俗生活の基本単位は家（家族）であるから、「出家」という漢訳語は、なかなかうまい訳語であるといえる。

かくして、出家は、世間の人びととはまったく相反する生活に入ることになる。衣食住に分けていえば、次のようになるわけである。

まず衣。蓄財という、世間では美徳とされることを拒否するのであるから、世間の人が着るような衣は身につけない。初期ジャイナ教の出家は、そもそも衣を身につけない。一糸まとわぬ全裸となる。かれらのことを「ディガンバラ」というが、これは、空間を衣とする者の意であり、「空衣派《くうえは》」と訳されたりする。そこまで極端ではないにしても、出家は、華美な衣をまとわない。毛皮の衣、木の葉をつづった衣、ぼろ布をつづった衣などが使用される。装身具などはもってのほかである。次ページの写真でわかるように仏像の耳朶には孔があいているが、これは、釈尊が、出家以前には大きなイヤリングをつけていたことを示す（今日でも、男がイヤリングをつけることは、インドでは珍しいことではない）。

頭髪も、適当な長さの長髪をきれいにまとめ、ターバンを巻くなどということはしない。ざんばら髪をそのまま放置したり、ばっさりと切って短髪にする（釈尊はこのケース）、あるいはやや後の仏教の出家のように徹底的に髪（ばかりでなく眉や髭も）を剃り落とす。今日でも、反体制を自任する人のなかには、超長髪にしたり剃髪したりする人がいるが、基本的な発想法にはかなり似たものがあるといえるであろう。

次に食。蓄財はまかりならんという原則があるため、食べ物を購入したり貯蔵したりすることはできない。したがって、鉢をたずさえ在家の家々を回って乞食するというのが残された道である。あるいは、苦行者の伝統にしたがい、野生の草の葉、根、木の実などを採取して、原則として生のまま食べるという道もある。

転法輪印仏坐像（５世紀後期、サールナート考古博物館蔵）〔学研『天竺への旅第２集　仏像の源流をたずねて』より、丸山勇撮影〕

一九九四年十一月のインドの新聞の報道によれ

ば、ビハール州のダルバンガーにあるサンスクリット大学の学生が、苦行に関する博士論文を仕上げるために、まる一年間、ベルの木の葉と水とを摂取するだけという生活を送ったという。みずから人体実験を行ったわけであるが、ふだんの生活になんの支障もなく、一年後の健康診断でも、なんの異常も認められなかったという。

人間の二大欲望は性欲と食欲だといわれる。食いものの怨みは恐ろしいというほど、食欲はコントロールしにくいものである。

あとでも触れるが、世俗の価値観を払拭するために、仏教は少欲知足を修行生活の根幹にすえており、とくに食についての禁欲的規定が目立って多い。食事は、その日の午前中に得られた一鉢《いっぱつ》分のみ、おかわりはなし、一部を保存して午後に食べるというのは、病気のときでないかぎり、非時食《ひじじき》として禁ぜられる、などなどといったぐあいである。食欲を制することは、善悪の彼岸にいたる解脱への道にある人にとって、とりわけ重要視されたようである。

次に住。出家は、一所不住、たえず遊行してまわるのを旨とするので、大樹の下、洞窟などを仮の宿とし、まかりまちがっても立派な屋根のある家屋に寝泊まりしてはならないなどとされた。ただし、仏教をはじめとし、教団の規模が大きくなるにつれてこの原則は崩れていく。

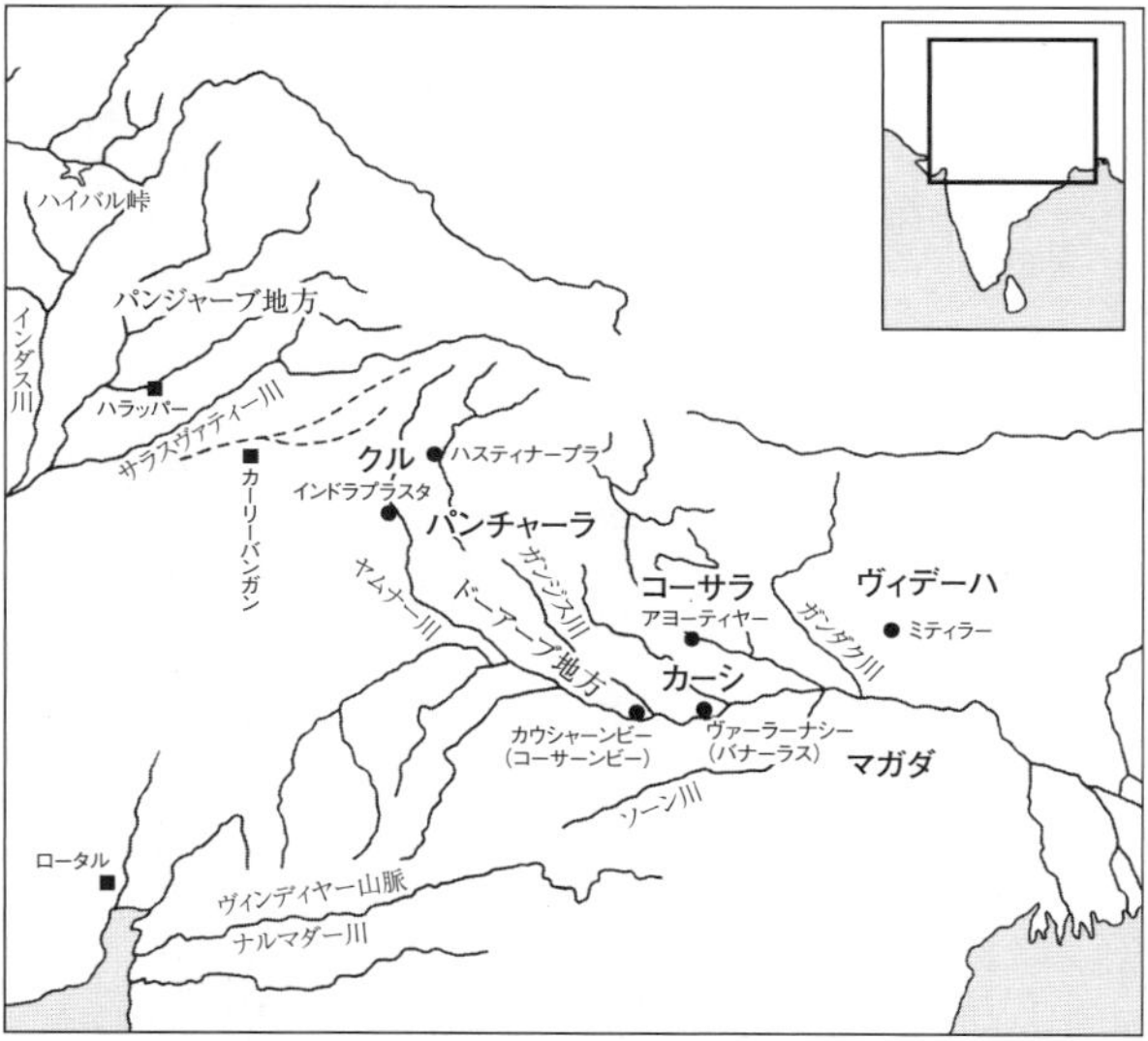

ヴェーダ時代の中インド（太字＝国名，●＝都市，■＝インダス文明遺跡）

仏教についていえば、釈尊在世時に、たとえば、マガダ国王ビンビサーラから竹林精舎《しょうじゃ》が、富豪スダッタ（須達長者《しゅだっちょうじゃ》、別名アナータピンディカ〈給孤独長者《ぎっこどくちょうじゃ》〉）から祇《ぎ》園《おん》精舎が寄進されている。これらの精舎には、屋根のある宿舎がたくさん設営されている。それでもなお、釈尊などは、それらの精舎を仮の宿りとして利用しはしたが、出家してから入滅するまでの生涯のほとんどを旅の空の下に過ごしている。

最初期の出家

先にも見たように、輪廻説は、解脱論をも同時にもたらした。輪廻説がもつ単純明快で論理的な構造から、解脱への最短コースは出家となることだという結論を得るのは、論理的思考を好むインドのインテリたちにとってはきわめてたやすいことだったはずである。また、後で少し触れることになるが、かなり古い起源をもつジャイナ教（ニルグランタ〈離繋《りけ》〉派）は、バラモンたちに輪廻説が公認される以前から、独自の輪廻説を奉じ、解脱を目指す出家を輩出していたのではないかと思われる。最古のウパニシャッド文献群に登場する著名なインテリたちの多くは、ニルグランタ派が教線を張っていたガンジス河中流域で活躍している。かれらは、ニルグランタ派の修行者の生活形態をも見聞し、参考にしたかもしれない。いずれにしろ、ウパニシャッドのインテリのなかから、輪廻説が前面に登場してからほどなく、出家となる者が次つぎと現れたことは疑いない。

最初期のウパニシャッド文献には、それとおぼしき人物が散見されるのであるが、ほとんどの場合、出家の理念とのかかわりがはっきりとしない。筆者が見るところ、出家の理念をはっきりと打ち出した上で世俗生活を捨てて出家になった人物としては、ヤージュニャヴァルキヤがまず最初に挙げられる。かれは、ヴィデーハ国のジャナカ王を相手に、つぎのように説いている。やや長くなるが、その重要性を考え、一節を全文引用する。

「この偉大で不生《ふしょう》のアートマン（自己）は、もろもろの個体機能のなかにあって認識より成るものであり、心臓のなかの虚空《こくう》に横たわっており、一切のものの統御者であり、一切のものの支配者であり、一切のものの君主であります。それは、善業によって増大することがなく、悪業によって減少することもまったくありません。これは一切のものの主宰者であります。これは生類の君主であります。これは生類の守護者であります。それは、これらもろもろの世界が離ればなれにならないように保守する橋であります。

バラモンたちは、ヴェーダの読誦《どくじゅ》によって、供犠《くぎ》によって、布施《ふせ》によって、苦行によって、断食によって、それを知ろうと願います。ほかならぬこれを知れば聖者になります。この世界を望みながら、出家は出家するのです。

まさに、このことを知っていたからこそ、昔の人びとは、『このアートマンを、すなわちこの世界を手中にしているわれわれにとって、子孫に何の用があろうか』

といって、子孫を欲しませんでした。かれらは、息子を得ようとする熱望、財産を得ようとする熱望、世界を得ようとする熱望から脱却し、乞食行を行ずるのであります。なぜなら、息子を得ようとする熱望は財産を得ようとする熱望であり、財産を得ようとする熱望は世界を得ようとする熱望だからです。これら二つはなんといっても熱望でしかないからです。

かのものは、『あらず、あらず』〔としかいいようのない〕アートマンで、不可捉であります。なぜなら把捉されないからです。〔かのものは〕不壊《ふえ》であります。なぜなら、壊されないからです。〔かのものは〕執著《しゆうぢやく》と無縁であります。なぜなら、執著されないからです。〔かのものは〕束縛されることなく、よろめくことなく、傷つくことがありません。『これでわたくしは罪障を積んだ』というのも、『これでわたくしは福徳を積んだ』というのも、このものを超えることがありません。〔むしろ〕このものがこの両者を超えるのです。したこととしなかったことが、このものを熱することはありません」

(『ブリハッドアーラニヤカ・ウパニシャッド』四・四・二二)

この一節を正確に理解するのはむずかしいとはいえ、おおむね、つぎのように解釈できるであろう。

　ヤージュニャヴァルキヤが一貫して追い求めたものは、真実のアートマンである。世間の人びとがアートマンだと思っているものは、真実のアートマンではない。というのも、「アートマン」を意味するとされる「わたくし」ということばを主語として、世間の人びとは、それにさまざまな述語（属性、限定）を連結させるからである。「わたくしは〜である」と世間の人びとは口にし、それがアートマンであると思っている。しかし、真実のアートマンは、いかなる属性も限定ももたない。つまり、真実のアートマンは、こうである、ああである、というように、ことば（概念）によって捉えることはできない。あえて真実のアートマンをことばで表現しようとすれば、右の「〜」に入りうるあらゆることばを羅列し、そして片端から、「〜にあらず」というしかない。

　ところで、こうしたものとしての真実のアートマンを感得するためには、それなりのことを試みなければならない。いわゆる「修行」である。これに当たるものとして、旧来は、ヴェーダの読誦、供犠、布施、苦行、断食などが行われてきた。しかし、たとえこれらを実践しようとし、あるいはげんに実践しても、今までどおりに世間的、世俗的な生活を送りながらというかぎりでは、聖者となるのは至難の業である。そこで、出家こそが望ましいのだ、と考えられるにいたる。世間的、世俗的な目的を追う原動力は熱望（つまり貪欲《とんよく》）であり、これを捨てることを、出家は自明のことと考える。

「昔の人びと」は「子孫に何の用があろうか」と考えたとあるが、この「昔の人びと」がどのような人びとを指すのか明らかでない。つまり、輪廻や解脱がいまだ問題になっていない時代の聖仙《せいせん》（ヴェーダの宗教における知的、霊的エリート）たちのことを指すのか、あるいはずっとのちの、解脱のために本当に出家した先人たちのことを指すのか、決定的なことをいえるだけの根拠は示されていない。

いずれにせよ、ヤージュニャヴァルキヤは、子孫をもうけないまま、妻に全財産を与えて出家した。もっとも、かれには二人の妻がいて、そのうちの一人マイトレーイーは、財産の分与を拒否し、かれとの問答を望んだ。『ブリハッドアーラニヤカ・ウパニシャッド』第四篇の第五章は、両者の対話を記したもので、ヤージュニャヴァルキヤのアートマン論が、より鮮明に打ち出されていることで、貴重な資料となっている。

保守的バラモンたちの抵抗

ヤージュニャヴァルキヤといった有名人をはじめとして、少なからぬ数のバラモンたちが出家となっていった。そしてまた、非バラモン系の、沙門と呼ばれる出家たちも、数多く出現した。しかし、北インドにおける支配的宗教であるヴェーダの宗教は、世俗に深くかかわる宗教であった。

やや後の資料を参考にしていえば、保守的バラモンたちにとって、人間の生涯の課題は、実利（アルタ、経済および政治における成功）と性愛（カーマ、家庭生活の中心をなす円満な夫婦生活の享受、結果として子供をもうける）と倫理（ダルマ、宗教的、社会的義務を忠実に果たすこと、社会秩序の維持）の三つであった。これらについての細かな規定と考察をもっぱらとする学問（シャーストラ）は、それぞれ、実利学、性愛学、法学として栄え、やがて厖大な論典を作成し、後世に大きな影響を及ぼした。

また、かれらにとって、人間は、人間の望みをかなえてくれる神々と、ヴェーダ聖典を感得してこの世に伝えた太古の聖仙たちと、みずからの生をもたらしてくれた祖霊たちと、この三者にたいする負債を抱えるものであり、およそ人としてあるものは、この三つの負債の完済を、生涯かけて目指さなければならないという。したがって、ことあるごとに祭祀を主催して神々を満足させ、ヴェーダの学習に努めて聖仙の恩に報い、祖霊に食べものを提供するシュラーッダという祭を定期的に行い、かつ、次代にその祭を執行すべき男子（女子にはその資格はないとされる）をもうけるというのが、人たるものの義務であるという。

出家となるというのは、こうした義務を放棄することであるから、保守的バラモンたちにとっては、とうてい容認しがたいところであった。かれらは、とくに、祭祀を主催し、祭祀執行者であるバラモンに惜しみなく報酬を支払う義務を力説した。出家は、バラモン中心主義のシステムを破壊し、バラモンたちの生活基盤をおびやかす、とんでもない存在であった。

生活期（アーシュラマ）

保守的バラモンたちは、みずからに有利なシステムを完璧なものとするために、生まれてから死ぬまでの、人の生活様式を、時間的な軸にそって三種類に定型化した。

もちろん、これは、バラモン（祭官階級）、クシャットリヤ（武人階級）、ヴァイシヤ（庶民階級）、シュードラ（隷民階級）の四ヴァルナ（階級。このヴァルナ制社会から排除された人びとは「無階級、アヴァルナ」と呼ばれた）に応じて、その具体的内容は異なるとされる。

じつは、その三種類とは、上位三ヴァルナの男子についていえることで、学生期《がくしょう》、家住期、林棲期の別よりなる。学生期とは、第二の誕生といわれる入門式（イニシエイション）のあと、しかるべき師匠の内弟子となってヴェーダの学習（読誦）に邁進すべき生活期である。「学生」の原語「ブラフマチャーリン」は「梵行《ぼんぎょう》（者）」と漢訳され、異性との性的交渉をもたない者を意味する。

しかるべき年齢に達したならば、家に戻り、結婚し、男子をもうけ、家業にいそしんで家の経済的繁栄をはかり、祭祀を主催して祭官であるバラモンに多額の報酬を支払い、祖霊祭を怠らずという義務を負う、家長としての家住期に入る。社会経済（つまるところはバラモンの生計）を実際に支えるのはこの家住期の男子たちであり、この意味で、保守的バラモンたちは、家住期が最高の人生期であると強調した。

長男が家の生計を担うようになると、人は隠居し、やや人里離れたところに庵を結び、苦行を中心に、宗教的修練に専心すべきだとされる。この時期を林棲期という。この林棲期というのは、当初はかなりあいまいな規定しかなかった。この生活様式の起源は、おそらく、太古のヴェーダの聖仙たちの生活様式にあると思われる。

生活期を否定する思想

出家は世俗生活を無用のものと考えるので、当然のことながら、世俗生活の規定でしかない生活期の規定を否定する。この考えは、すでに最古のウパニシャッドである『チャーンドーギヤ・ウパニシャッド』に、つぎのように説かれている。

「三つの法の領域がある。供犠とヴェーダの読誦と布施とが第一である。苦行こそが第二である。常に師の家でみずからを苛みながら、学生（梵行者）として師の家に居住する者は第三である。これらすべては、功徳（善業）の世界を獲得する者たちである。ブラフマンに住する者は不死に赴く」　　（二・二三・一）

このうち、第一の法の領域は家住期に、第二の法の領域は林棲期に、第三の法の領域は学生期に相当すると見てよいであろう。

これら三つの生活期に属する人びとは、功徳の世界を獲得する者たちであるという。功徳の世界を獲得するとは、おそらく、楽の多い境涯に生まれ変わるということである。しかし、もちろん、これは輪廻転生のなかの話である。

これにたいして、ブラフマンに住する者というのは、ここの文脈では、バラモンの出家を意味すると考えられる。最古のウパニシャッドの主要テーマの一つは、世俗的な惑わしを離れ、瞑想知の極致において、自己（アートマン）が、宇宙の根本原理ブラフマンと合一するというものである。これはきわめて一元論的なテーマであるが、それにしても、この目標に達するものは、出家以外にはありえないことをはっきりと示している。出家のみが、輪廻転生から解脱して、不死の境地に至りうるというわけである。

このウパニシャッドの一文は、保守的バラモンへのきつい挑戦状であるといえる。

悪魔の誘惑

最も成立の古い経典と見なされている『スッタ・ニパータ』に、苦行に専心している釈尊に、悪魔ナムチがつぎのように語りかけたという話がある。

「四二八　あなたがヴェーダ学生としての清らかな行い（梵行）をなし、聖火に供物をささげてこそ、多くの功徳を積むことができる。（苦行に）つとめはげんだところで、何になろう」（中村元訳）

このことばのうち、「ヴェーダ学生としての清らかな行いをなし」というのは学生期に、「聖火に供物をささげて」というのは、ヴェーダの祭祀を忠実に主催する家住期に、それぞれ正確に対応する。

悪魔ナムチのことばは、世俗生活、とりわけ家長として家の繁栄をはかる生活期を最良のものとする保守的バラモンたちのことばにほかならない。悪魔ナムチは、この意味で、保守的バラモンたちの見解が、釈尊の時代に、しかも保守的バラモンたちにしてみれば「堕落した」地域の社会でも、当然至極の常識のようにまかり通っていたことを示唆する。

こうした、世俗生活をあくまでも重視する風潮のなかで、出家となるというのは、やはりそれ相応に大きな勇気を必要としたことであろう。

生活期の手直し

出家が多数出現したころの保守的バラモンたちは、みずからの生活基盤を危うくする出家を、反社会的と断定し、不快感をあらわに表明した。もちろん、かれらは、出家としての生活様式を、人間が踏むべきまともな生活様式とは認めなかった。このことは、初期の法学の典籍から明瞭にうかがえる。

しかし、いくら認めたくなくとも、出家という存在が社会のなかで、もはや無視できない勢力となるに及んで、ダルマの学である法学にたずさわる保守的バラモンたちは、生活期と出家生活との理念的な折り合いをつけるため、さまざまな工夫を凝らした。

その工夫は、法典中でもっとも有名な『マヌ法典』（紀元前二世紀〜紀元後二世紀頃）において完成した。これによれば、出家の生活様式は、遊行期と呼ばれ、林棲期に続く最終段階に位置づけられる。林棲期を送るうち、いよいよみずからの死期をさとったならば、私財をいっさい投げうち、一所不住の遊行に旅立ち、解脱を求めるのが望ましいとされる。

この図式はなかなか巧妙で、考えてみれば、保守的バラモンたちが望んでいた理想的な三生活期をまっとうした者にこそ、出家となる資格があるというのであるから、バラモン中心主義の社会システムはまったく安泰である。バラモンたちは、まことにしたたかであった。

3　沙門と六師外道《ろくしげどう》

沙門の出現と社会背景

沙門（サンスクリット語でシュラマナ、パーリ語でサマナ）と呼ばれる非バラモン系の出家が多数現れたのは、仏教成立の少し前、おそらく紀元前六世紀以降、ガンジス河中流域（中インド）においてであった。

保守的なバラモン文化圏は、このころには、ガンジス、ヤムナー両河にはさまれたドーアーブ（両河）地方が中心地となっており、主要産出穀物は収穫量の安定しない小麦、国家形態は部族連合国家（あらっぽくいえば、西部開拓時代のネイティブ・アメリカンのスー族などの国家形態と思えばよいであろう）という状況にあった。

これにたいして、ガンジス河中流域は、はるかに活況を呈していた。主要産出穀物は、安定した多量の収穫が保証される米であった。この大量の米の余剰生産に支えられて、商業経済が盛んとなり、またその富に促されて、効率のよい農器具、絹織物、豪華な装飾品などにかかわる手工業も盛んになり、そうした活発な商業経済の中心地としての巨大な都市が次つぎと現れた。都市では、はるかのちのヨーロッパのギルド

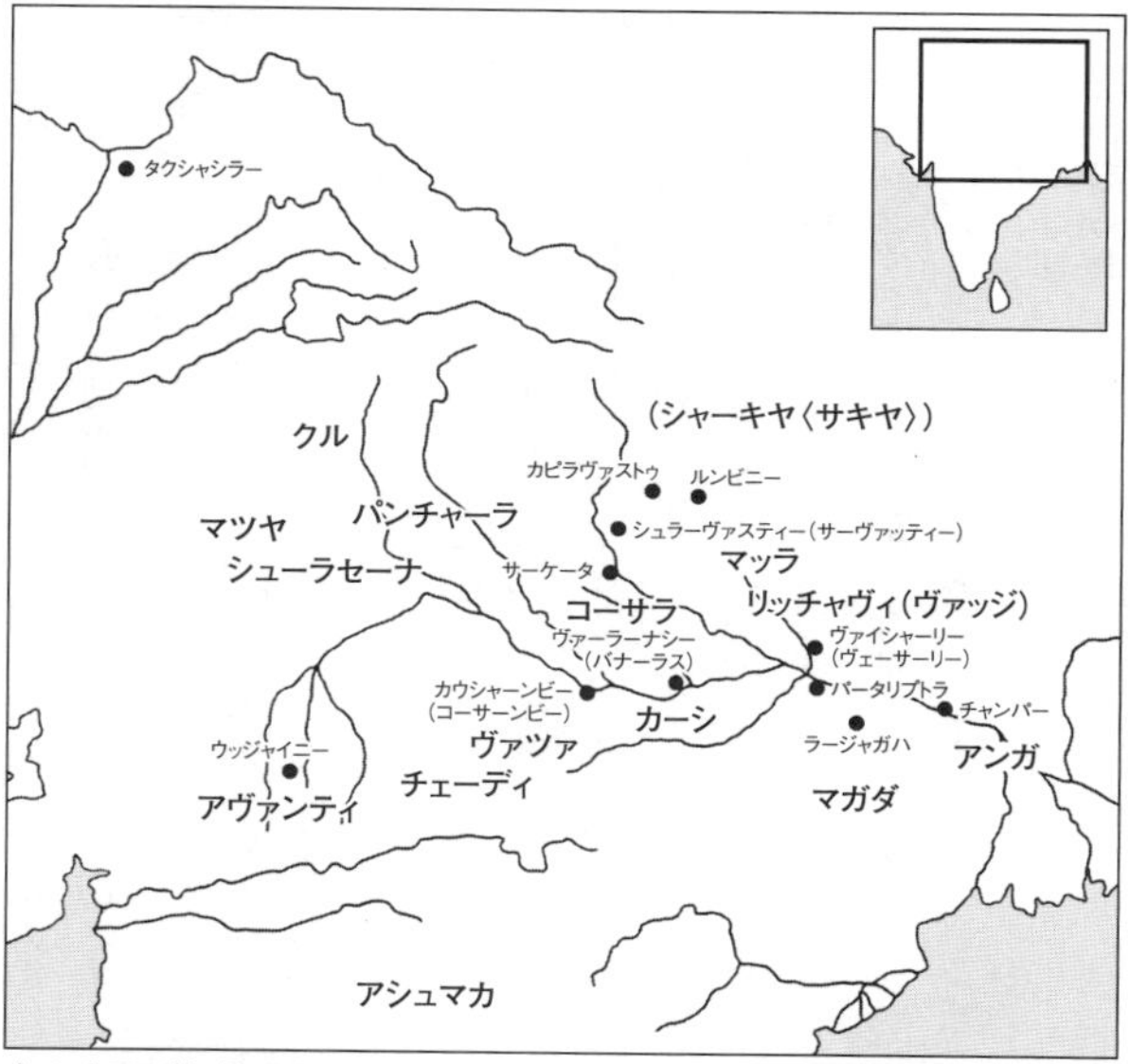

十六大国（仏教興起前後）　（太字＝国名，●＝都市）

によく似た同業者組合が組織され、民主的に運営された。

　こうした莫大な富を背景に、たんなる部族連合国家の段階を超えた、より高度の統治形態をもつ強大な国家が誕生した。仏典の記述から、仏教成立のころには、十六大国が数えられている。リッチャヴィ族のような共和制国家、マガダ国のような中央集権王制国家といったぐあいである。仏教成立後ほどなく、もっとも発達した官僚制と、よく統制、訓練された大規模な常設軍とをそなえたマガダ国が他の国々を武力で制圧し、インド亜大陸最初の統一帝国（南インドは版図に入っていないが）が誕生した。

こうした時代と地域にあって、ものをいうのは富と権力である。その出自が何であれ、才覚とチャンスに恵まれれば、だれでも富豪、権力者になれるという、一種、下剋上にも似た気運がみなぎっていた。保守的バラモン社会の理念は希薄であり、バラモン階級は、かならずしもトップにあるとは見なされなかった。当然、保守的バラモンたちは、ガンジス河中流域を、堕落の地であるとして忌み嫌った。

こうした社会状況を背景として、ヴェーダの宗教の伝統からははずれた、沙門と自他ともに称する出家の思想家が続々と現れ、大小のおびただしい数の教団が生まれた。その外見が、戦国時代の中国の諸子百家に似ているため、かれらは近代以降の学者たちから、しばしば自由思想家とも呼ばれている。

また、必ずしも保守的ではないバラモンたちのなかからも、のちのヒンドゥー教のもろもろの哲学、神学につながっていくさまざまな流派の出家が出現したようである。古い仏典では、修行者（おそらくほとんどが出家）をまとめて「沙門バラモン」と呼びならわしている。

いったい、仏教成立時代に、沙門や非正統バラモンの教団、流派がいくつあったのか、正確なところはわからないが、仏典では六十二見あったと、決まり文句のようにいわれる。「見」というのは、一般には「見解」「哲学説」を指すが、仏教的な文脈では、「まちがった見解」、つまり「外道説」のことをいう。

この六十二見の中身についての仏典の記述が簡潔にすぎるため、従来はあまり深くは研究されてこなかったが、近年になって、後世のさまざまな宗教関係の文献と対比する作業が行われ、しだいにその具体的な中身がよりはっきりと特定されつつあるようである。今後のさらなる研究に期待したい。また、ジャイナ教の典籍では、そのころ、三百六十三見あったとされている。いずれにせよ、百花斉放といった活況を呈していたのである。

これはまた、いわば無為徒食の大量の出家を養っていけるだけの十分な経済力を、この地域がもっていたからこそ可能であった。保守的バラモンたちが完全に支配していた地域には、それだけの余力はなかったものと思われる。そのような地域では、出家の大量出現は、たちまち保守的バラモンたちの生活基盤を危うくするものでしかない。先に述べたように、保守的バラモンたちが出家を認めまいとするわけである。

六師外道

『沙門果経』をはじめとする仏典には、右の六十二見の列挙とは別に、仏教成立時代に、とりわけ影響力があった代表的な六人の沙門の名（以下、パーリ語で示す）を挙げ、やはり断片的とはいえ、六十二見の場合にくらべれば、かなり詳細に紹介、批判した記述が見られる。これから、そのいちいちについて検討を加えることにするが、検討すればするほど、成立期の仏教といかにかかわりが深いかが明らかになるであろう。

プーラナ・カッサパ

この人物は、隷民階級の出自であり、（イエスの馬小舎ならぬ）牛小舎で生まれ、やがて主人の家から出奔した。出奔したときに衣を奪われたのでそれ以来といわれるが、ジャイナ教の出家と同じく、一糸まとわぬ全裸で生涯をとおしたという。おそらく、ジャイナ教と同じく、激しい苦行を行じていたと思われる。

かれが唱えたところによれば、人間などの生き物の体を切ったり、苦しめたり、命を奪ったり、他人の家に押し入って略奪したり、姦通したり、嘘八百をならべたてても、何の悪事をなしたことにもならない。あるいは逆に、祭祀をきちんと催したり、惜しみなく布施を行ったり、感官を制御して欲望を遮断したり、嘘をまったくつかなかったりしても、何の善事をなしたことにもならないという。悪事とされること、善事とされることをなしても、善悪の業が生ずることはなく、したがってまた、その報いもないというのである。

近現代の学者たちは、この説を道徳否定論と呼ぶ。ただしかし、ここでけっして誤解してはならないのは、かれやかれの弟子たちが、善悪をかえりみぬ、やりたい放題し放題の無頼漢で、世間の人びとの顰蹙を買ったというわけではないということである。

かれは出家の修行者、それも苦行に専心していた禁欲の人だったはずである。したがって、かれの説は、修行の目標、つまり解脱の境地を述べたものだと考えられる。つまり、世俗の価値観である善悪を超えることこそが、修行の目標として立てられるべきだと主張したものであると思われる。ずいぶんと乱暴な表現になっているのは、そこまでいい切らないと、善悪の彼岸とは何かを、弟子たちに直観させられないと考えた末のことであろう。

時代も地域もへだたるが、中国や日本の禅宗でいわれる、「仏に逢ふては仏を殺す」という、一種のショック療法的な文句をここでひきあいに出してもよいであろう。現に、現存最古の仏典の一つと目される『スッタ・ニパータ』をひもとけば、おだやかな表現ながら、釈尊が、いかに「善をも悪をもかえりみず」といったことを強調していたかがすぐにわかる。いいかえれば、道徳否定論者プーラナ・カッサパの説自体は、釈尊の説と何の変わるところもないということである。

これ以上の詳細は伝えられていないので想像するしかないが、おそらく、かれと釈尊とのちがいは、次の点にあったのかもしれない。すなわち、プーラナ・カッサパは、修行の初心者と熟達者の区別なしに、この窮極の境地をずばりと説くだけであったのにたいし、釈尊は、一つの方便として、初心者には、善悪をわきまえ、善をなし悪を抑えることで、まず心を清澄な状態にすることを勧め、そのなかで徐々に修行の最終目標である善悪を超えた境地というものを教えていったということである。

つまり釈尊は、窮極的にはプーラナ・カッサパと同じく、道徳否定論者であったが、初心者教育にあたっては、善悪をわきまえよときびしく説く道徳家であった。初期仏教で有名な七仏通戒偈《しちぶつつうかいげ》、

「もろもろの悪をやめ（諸悪莫作《しょあくまくさ》）、
もろもろの善をなし（衆善奉行《しゅぜんぶぎょう》）、

みずから心を浄らかなものとせよ（自浄其意《じじようごい》）、
これがもろもろの仏の教えである（是諸仏教《ぜしよぶつきよう》）」

は、道徳を否定し尽くすための道徳の修養という、右に述べた釈尊の、弟子教育の方法論の核心に触れたものだといえる。

プーラナ・カッサパとその教団には、このような教育上の方法論が欠如していたのかもしれない。と同時に、この七仏通戒偈を、至上の仏教道徳ととらえてはならない。しつこいようだが、これは、道徳を超えるための道徳的教訓なのであって、道徳の確立こそが仏教の目標だなどと誤解してはならない。

マッカリ・ゴーサーラ

これまた、牛小舎の生まれ。両親が巡礼の途上、雨季をここで過ごしているときに生まれたとされる。なにやらイエスの生誕に似た話がつづくが、ここでは深入りしない。かれは、すでに成立していたアージーヴィカ教団に所属する苦行者で、実質的にはアージーヴィカ教団の中興の祖というべき人物だったようである。

アージーヴィカ教団は、漢訳で「邪命外道《じやみようげどう》」と訳され、生活の糧を得るために姑息な教えを説く者との解釈が施されているが、本当のところは、厳しい生活規範にしたがう者というのが原義であったと考えられている。この教団は、マウリヤ朝のアショーカ王からも庇護を受けており、そのころまではかなり強大な勢力を誇っていたが、その後急速に衰退し、ジャイナ教に吸収されてしまったようである。

かれのいうところによれば、世界（生きもの）を構成している要素は、霊魂（輪廻転生の主体）、地、水、火、風、虚空、得、失、苦、楽、生《しょう》、死の十二であるという。この十二種類の要素を数える説は、のちの仏教教学にも、ジャイナ教にも、ヒンドゥー教哲学にも通ずるところがあり、資料的にあまりにも断片的にすぎるとはいえ、インドの形而上学の歴史を考える上で重要である。

かれの教えでもっともよく知られているのは、輪廻転生も、それからの脱却である解脱も、何らかの原因があってのことではないとしたことである。いわゆる無因無縁が生きとし生けるものの実態だというのである。つまり、輪廻転生も解脱もともに認めるのであるが、みずからの意思によって死後のよりよい境涯を得ようとか、解脱を得ようとか、そのようなことで努力をしても無駄だというのである。

努力しようがしまいが、賢者であろうが愚者であろうが、八百四十万の大劫《たいこう》（計算方法は不明であるが、おそろしく長い時間）を経れば、いかなるものも解脱にいたる、それまでは輪廻転生するばかりだとされる。それは、あたかも、糸毬を、糸の端をもってころがすようなものだという。つまり、糸が尽きればころがりは止むが、それまではどうしようもなくころがるばかりだというのである。

近現代の学者たちは、かれの説を決定論、運命論と呼ぶ。しかし、かれの教団がやがてジャイナ教に吸収されたというところからして、かれが厳格な苦行者であったことは容易に推測がつく。つまり、かれは、実際には、解脱に向けて、ひたむきな努力を払った人物なのである。そのかれが、意思や努力の無益さを露骨ないいかたで説いたというのは、それなりの思惑があってのことだと考えなければならない。かれが文字どおりに、何をしても無駄であるという態度に終始した人物であったならば、アージーヴィカという名の宗教教団が、それほど長つづきしたわけがない。無駄ではないからこそ、苦行に身を投じたはずである。

これもまた、じつは、仏教に通ずるところがある。すなわち、苦行主義的な厳格な生活規範というのは、仏教の出家の戒律に相当すると見ることができる。『スッタ・ニパータ』で、釈尊は、戒律を厳格に遵守することが解脱への最短コースだと力説する一方、戒律の厳格遵守だけが最重要事だという考えに陥った者にたいしては、戒律を厳格に遵守したところで解脱は得られないとも説いている。戒律（出家の生活規範）の遵守は、あくまでも目的のための手段なのであって、それ自体が目的であるかのように錯覚するのは本末顚倒だというわけである。ずっと後世の禅宗的ないいかたを借りれば、解脱を目指すあまりにしゃかりきになっている者は、解脱あるいは解脱の手段に執著しているのであり、努力すればするほど、じつは解脱から遠ざかっているのだ、ということになろう。

このような意味で、マッカリ・ゴーサーラの見解は、釈尊の見解にまことによく合致する。しかし、かれは、釈尊とちがって、努力無用論を力説しすぎたのかもしれない。つまり、釈尊は、マッカリ・ゴーサーラとちがって、努力無用論と努力必要論とを、教育過程のなかで明確に位置づけた、ここに両者の根本的な違いがあったのかもしれない。マッカリ・ゴーサーラは、結論を急ぐあまり、修行者教育における方法論をあまり重視しなかった、ということかと思われる。

アジタ・ケーサカンバリン

毛髪を編んで作った衣をまとっていた。これは、当時の一部の苦行者の風体にならったものである。

かれによれば、この世を構成する要素（元素）は、地、水、火、風の四種類にすぎず、それらのみが常住不変である（それらが存在する場としての虚空も、元素に準ずる扱いを受けた）。人間もまた同じく、これらの四つの要素が集まってできたものにほかならず、死ねば、人間を構成していた地の要素は外界の地の集まりに帰るのみである。同じく、水は水の集まりに、火は火の集まりに、風は風の集まりに帰る。死後も存続する霊魂などというものはない。荼毘に付された死体が残すものは、ただの鳩色の骨だけである。祭祀にあたって火のなかに投じた供物が残すものは、ただの灰だけである。来世などというものはないから、善悪の業の果報を受けることもない。父母もなければ、沙門もバラモンもないという。

近現代の学者たちは、かれの説を唯物論とか快楽論とかと呼んでいる。たしかに、このようなことを説く人びとは、インドではローカーヤタ（順世派《じゅんせは》）、あるいはチャールヴァーカと呼ばれ、唯物論者というにふさわしい。

しかし、アジタ・ケーサカンバリンの説を、はたして額面どおりに受けとってよいものかどうか、いささか疑問である。というのも、かれは苦行者だったのであり、まちがいなくなにかを目指していたはずだからである。苦に満ちた輪廻転生などないと達観するというのも、解脱への一つの道である。あるいは、かれもまた、解脱のニヒリスティックな面を、あえて前面に打ち出し、そこだけがかれの説だと周囲から見られたのかもしれないが、それにしても、かれの説に快楽論というレッテルを貼るというのは、あまりにも皮相な見方にすぎるであろう。

また、なにもない、四元素以外は何も実体として残らない、生む者も生まれる者もない、教える者も教えられる者もないというような、ないない尽くしの議論は、あとで少し詳しく見るヤージュニャヴァルキヤのアートマン（自己の真実の本体）論や、ずっと後世のナーガールジュナ（竜樹）の空思想を、そしてまた禅問答を連想させる。いずれにせよ、かれもまた、善悪の彼岸にこそ解脱の境地があるとする点で、釈尊と同じ発想を抱いていたことになる。おそらく、そのあたりが真相ではないかと思われる。あとは、修行法、弟子の教育をめぐる方法論のちがいということになろう。

パクダ・カッチャーヤナ

かれは、右のアジタ・ケーサカンバリンの説く四元素に、苦、楽、生命（ジーヴァ、霊魂）を加えて七要素説を唱えた。生命を一原理として立てたあたりは、ジャイナ教と一脈通ずるところがある。かれによれば、これらの七要素は独立した不変のものであり、互いになんの関係ももたない。したがって、殺す者も殺される者もなく、聞く者も聞かしめる者もなく、知る者も知らしめる者もない。鋭利な剣で首を斬り落としたとしても、誰も死ぬわけではない。ただ剣が七要素のすきまを通りぬけるだけである、と。

かれの説は、近現代の学者によって、たんに七要素説と呼ばれるだけである。アジタ・ケーサカンバリンの説によく似たところもあるが、生命を立てるところで断然ちがってくる。首を斬り落としても、というくだりは、非常に強烈な印象を人に与えるものであり、それゆえにパクダ・カッチャーヤナは世に聞こえた人物となったのであろうが、その説の真髄は、やはり同じく、解脱の境地におけるものの見方をストレートに打ち出した、というところにあると考えられる。つまり、釈尊や、右に見てきた人物たちと同じく、解脱の境地とは、善悪の彼岸にほかならないと明言しているのである。当然ながら、かれの説を、額面どおりに受けとめてはならない。かれとその弟子たちが、殺す者も殺される者もないと叫びながら、人の首を斬ってまわる狂信的殺人者だったなどという図は、ただの漫画にすぎない。

サンジャヤ・ベーラッティプッタ

かれは、「来世はあるか」との質問に、「もしわたくしが『来世はある』と考えたならば、あなたに『来世はある』と答えるであろう。しかし、わたくしは、そうだとは考えない。そうかもしれないとも考えない。それとはちがうものだとも考えない。そうではないとも考えない。そうでないのではないとも考えない」と答えたという。かれは、実際の体験から直接知ることの不可能なことがら（いわゆる形而上学的な問題）などについて質問されたときには、いつもこのようであった。この議論は、どうにもとらえどころのないしろものであるため、「鰻《うなぎ》論法」と名づけられた。

形而上学的な問題にたいするこのような態度は、判断中止（エポケー）の思想であり、また、不可知論であり、インドにおける経験論の系譜の最初のページを飾るものとして注目にあたいする。サンジャヤの態度は、こうした問題にたいする釈尊の姿勢と基本的にさほどちがわない。これについては、のちに詳しく触れるので、ここではこれ以上立ち入った考察はしない。ちなみに、サーリプッタなど、釈尊の直弟子のなかでも際だった活躍をした人びとの多くは、かつてはサンジャヤの徒であった。

ニガンタ・ナータプッタ

この名は、ニガンタ（ニルグランタ）派に属し、ナータ族を出自とする者という意味で、本名はヴァルダマーナという。ニガンタ派を改革してジャイナ教を打ち樹ててからは、マハーヴィーラ（大勇《だいゆう》）、ジナ（勝者《しょうしゃ》）といった尊称で呼ばれた。

初期ジャイナ教と初期仏教は、教団のありかたから教義から、そしてまた用いる術語からして、驚くほどよく似ている。ジャイナ教はインド亜大陸の外に影響を及ぼさなかったため、遠い地にいるわれわれには、その名はともかくとして、その中身はあまり知られていない。仏教独自のものだと思っていたものが、ほとんど同じ趣旨でジャイナ教でも説かれている、ということがけっこうあるので、初期仏教研究にあたっては、初期ジャイナ教のごく基本的な教義ぐらいは頭に入れておかなければならない。

それはそれとして、六師外道の一人としては、不定主義、相対主義の唱道者という側面が取りあげられている。すなわち、かれは、いかなるものごとについても、絶対的な判断を下してはならないと説いた。この説は、当時、さまざまな宗教思想家たちが、口角泡を飛ばしながら論争に明け暮れていたという事情が背景になっている。

結論は一つのはずという思いこみの末、いくつもの結論が並び立つ、というのが論争のいつわりのない姿であり、そうした論争の世界から距離を置かなければ、修行への専心も、心の平安もありえない。考えてみれば、いかなることがらについても、かならずいくつかの観点がある。あるものを、ものそのものとして見れば常住であるが、状態という点からすれば無常である、といったふうであるから、いかなる判断も、「ある観点よりすれば〜であろう」というかたちを取らなければならない。これがニガンタ・ナータプッタの考えである。

この相対主義あるいは不定主義は、サンジャヤの不可知論とよく似ているようではあるが、やはりちがう。不可知論が、形而上学的な問題の真相など知りようもないから不可知とするのにたいし、相対主義は、その真相は、多くの観点からの観察をまって明らかにされるとする。釈尊ないし初期仏教は、基本的には不可知論に立脚しているが、ときとして相対主義を用いたりもしている。

第二章　釈尊の生涯

1　伝説と史実

釈尊の実在性

仏教は釈尊を開祖とする。宗教学の一分類法によれば創唱宗教ということになる。これは、わが国の神道やヒンドゥー教全般が、特定の開祖をもたないというのと対照的である。しかし、では、釈尊は本当に歴史に登場した実在の人物であるのか、と問われると、それに的確に答えるのは案外むずかしい。

インドには、中国などにはおびただしくある編年体の歴史書（とくに正史）が近世にいたるまで皆無に等しいという事情がある。また、釈尊など、インドの偉大な人物についての伝記は、神話的潤色が濃厚にほどこされているということも、この問題をよりむずかしくしている。とくに、大乗仏教の経典に登場する釈尊は、およそ歴史上実在した人物だとはとても思えないように描かれている。

十八〜十九世紀の歴史学の主流はごりごりの実証主義であり、白日のもとに照らして端的に明らかでないものごとの歴史的実在性を、まずは片端から否定してかかるのが常道であった。疑わしきは罰すというこの方法によって血祭にあげられた人物、ものごとは数しれない。イエスですらも危うくなりかけたこのころに、釈尊などはひとたまりもなかった。とくに、釈尊の家系（王族階級）が日種（スーリヤ・ヴァンサ）に属するという伝承などは、ヒンドゥー教の最高神ヴィシュヌ（本来は太陽神）にまつわる神話との類似性から、太陽神話の一種にほかならない、よって釈尊はたんなる神話上の架空の人物でしかない、と断罪されたりした。

家系を日種だ月種だとすることは、インドの王族階級の伝統であり、それは、わが国で、豊臣家は平氏、よって徳川家は源氏などと、大まじめに議論されたのに似たところがある。実証主義もけっこうだが、乏しい知識だけで実証主義の旗を振りまわされたのでは、たまったものではない。

その後、仏教をはじめとするインド古代宗教関係の史資料の研究が進み、神話的潤色のほとんどない釈尊についての断片的な伝承のすべてが、釈尊という歴史的に実在した人物によって仏教が開かれたことを強力に示唆すること、また、考古学研究によって、初期仏教の伝承がかなりよく真実を伝えていることが明らかにされてきたということによって、今日、釈尊の歴史的実在性を疑う学者はいなくなった。

また、まさにこれこそ釈尊の遺骨の一部を納めたものではないかという、「釈迦族の聖者」との銘入りの壺が、釈尊の生誕の地の近くの仏塔から発掘されている。今のところ、この遺骨がまちがいなく釈尊のものだというところにまでは至っていないが、発掘地層の推定年代からして、きわめて近似のものであることはたしからしい。

釈尊の在世年代

釈尊はいつ生まれ、いつこの世を去った（入滅した）のであろうか。おおかたの伝承によって計算すれば、釈尊は享年八十ほどで入滅したと信じてよい。また、いくつかの伝承は、釈尊が入滅してからマウリヤ朝のアショーカ王が即位するまでの年数を記している。

ところで、アショーカ王の在位年代、そしてまた即位の年は、アショーカ王が作らせた法勅の碑文の記述に見られる西アジアの国王たちの名から、かなり高い精度で確定できる。ありがたいことに、それら西アジアの国王たちの在位年代はよくわかっているのである。インド古代史の年代論の起点はここにあり、さらに、そこから何年前に釈尊が入滅したかが確定できれば、文献と考古学の成果とをつきあわせながら、インド古代史の年代もまた、かなり正確に確定できることになる。

ところが困ったことに、仏教側の伝承には二系統あり、それによって、じつに百年の開きができてしまうのである。ここに歴史学上の論争が生ずる。この論争は、一般に「仏滅年代論」と呼ばれ、今なお最終的な決着はついていない。

まず、南方の上座部仏教が伝えている『島史』『大史』（スリランカの歴史書）にしたがってドイツのガイガーという学者が計算したところによれば、仏滅は紀元前四八三年、したがって、釈尊の在世年代は紀元前五六三〜四八三年となる。世界の歴史学者の大半は、ほぼこの年代論を採用している。

また、同じく南方仏教経由で中国に伝わった「衆聖点記《しゅしょうてんき》」の伝承（仏滅から、一年ごとに点を一つずつつけてきた資料があり、紀元後四九〇年までに九七五点を数えたという伝承）によれば、仏滅は紀元前四八五年で、右の説とほとんどちがいはない。計算方法のちがいで、別の年代論もあるが、ともかく南方仏教の資料にもとづけば、仏滅は紀元前四八〇と数年というところにおさまる。

これにたいして、わが国の宇井伯寿博士は、説一切有部《せついっさいうぶ》のものを中心に、北方経由で中国に伝わった伝承を調べ、仏滅は紀元前三八六年、したがって、釈尊の在世年代は紀元前四六六～三八六年だとする見解を発表した。中村元博士は、この見解にしたがいつつも、アショーカ王の即位の年を修正し、仏滅を紀元前三八三年とした。

詳しいことはおくとして、南伝、北伝ともに、常識では考えにくいおそるべき長寿の人物がぞろぞろ登場してくる。そこで、研究の焦点は、表面の難点の背後にある伝記作者たちの意図を読み解き、どちらの伝承のほうがより合理的に解釈できるかに絞られる。ここにまた考古学上の問題が絡むので、なかなか決着がつかないということになる。

本書は、古代仏教史を細かく追うというものではないので、とりあえずはこの仏滅年代論とは離れたところで話を進める。

神話的伝承

釈尊の伝記（仏伝《ぶつでん》）はたくさんある。いくつもの現代語訳があってもっとも親しまれているのは、アシュヴァゴーシャ（馬鳴《めみょう》）作の『ブッダ・チャリタ』（漢訳では『仏所行讃《ぶつしょぎょうさん》』）である。この作品は、インド文学の一ジャンルである雅詩（宮廷詩、カーヴィヤ）の嚆矢《こうし》をなすものとしても有名で、たいへん美しく書かれている。しかし、この作品は、仏伝としては、もっとも新しい部類に属し、とりわけブッダとなって教えを説く以前の釈尊を神格化すること著しく、こういったものを釈尊の実際の生涯として受け容れるわけにはいかない。

最も古い仏伝は、律蔵の記述や、古い経典のなかで釈尊がみずからの過去を述懐している箇所に求められる。かなり断片的なものばかりとはいえ、それらを批判的につなぎ合わせることによって、ある程度の実像らしきものが浮かびあがってくる。それでもなお、神話的な叙述を完全に払拭するまでには至らない。

しかし、非常に古くから神話的な叙述でもって語られていることがらは、そういうかたちで叙述されなければならなかった、なんらかの理由があるものと思われる。これまで切り捨ててしまっては、釈尊伝の再構成は不可能である。あるいはまた、時代が下ってからの神話化についても、そのときの仏教徒たちに、そうした神話化にたいする切実なニーズがあったと考えるのが妥当である。

もっとも、わたくしはこの分野の専門家ではない。そこで本書では、中村元博士の研究を下敷きに、信頼のおける学者の著した釈尊伝を参照しつつ、読者にとって、そしてもちろんわたくしにとって、最も納得のいく釈尊伝を、以下、短いながらも構成してみたい。

わたくしの哲学的立場は、おおむね、経験論とニヒリズムに裏打ちされたプラグマティズムである。これは釈尊の基本的な立場にかなり近似したものだとの確信の上に、「くそ」リアリスティックな思弁をいささか展開し、読者の批評を乞うしだいである。

2　生まれ

釈尊の家系

釈尊は、現在のネパール領に少しく勢力を張っていたサキヤ（シャーキヤ、釈迦）族のゴータマ（ガウタマ）姓の家系に生まれた。この家系は王族階級に属し、スーリヤ・ヴァンサ（日種）の流れを汲み、伝説上の理想の王イクシュヴァークを初祖とすると自称していた。

もっとも、ゴータマというのは、ヴェーダの宗教における太古のゴータマ仙の法脈を嗣ぐ者ということで、バラモン階級にのみ本来は意味があるはずであり、なぜ王族階級がこの姓を名乗ったかについては疑問が残る。

ただ、命名法というのは、現在でもインド亜大陸のなかのほんの小さな地域の違いでその原則に大きな相違があるというほど複雑なものであるから、いちがいに奇妙とはいえない。しかも、釈尊の家系は、当時としてもインド亜大陸の辺境に居住していたのであるから、中央文化圏の命名の原則から議論しても不毛であろう。また、アーリヤ人の血をひくかどうかという、いわゆる人種の問題も、かつてはイラン人説が飛び出すなど、にぎやかに議論された時代もあったが、なにもわからないというのが今日の定説である。

サキヤ族は、当時、南の大国コーサラの属国としての部族共和制の国家を担っていた。首都はカピラヴァットゥ（カピラヴァストゥ）。釈尊の父はスッドーダナ（浄飯王《じょうぼんのう》）、母はマーヤー（摩耶夫人《まやぶにん》）という。この二人の結婚形態はクロス・カズン（交叉いとこ）婚であり、母系制の名残をとどめている。この一族はこの結婚形態を代々とっており、のちに釈尊の（正）妻となるヤソーダラーも、釈尊のいとこである。実際に描いてみればわかるが、釈尊の家系図は、このため、線をどう引いたらよいのか戸惑うほどややこしい。

釈尊の呼称

さて、仏教の開祖の名は何であったか。ゴータマ姓であることはよいとして、いわゆるファースト・ネームが何であったかは問題が多い。

一般にスィッダッタ（スィッダールタ）であるといわれているが、この名はかなり新しい文献になってからでなければお目にかかれない。そもそも、それが「目的を成就した者」という意味であることから、後世の捏造にかかるものとも考えられる。伝統的には、釈迦族の聖者（サキヤムニ）だというので、釈迦牟尼《むに》、あるいは釈尊と漢訳される。なお、釈尊の名は、釈迦牟尼世尊の略だという学者もいる。俗には釈迦、お釈迦さまといわれるが、これは釈尊（釈迦牟尼〔世尊〕）の略である。

釈尊は覚者（ブッダ、目覚めた人）となった。その意味についてはあとで述べるとして、そこでしばしば、仏教の開祖は単にブッダ（仏、仏陀《ぶつだ》）と呼ばれることがある。ただし、ブッダというのは、じつは、歴史上、また神話上、数多くいる。ジャイナ教でも、最終目標を達成した人はブッダと呼ばれる。

英語などはその点便利で、the Buddha というように、ブッダの頭文字を大文字にし、しかも特定の人物であることを示す定冠詞を前につければ、まごうことなきあの仏教の開祖であるブッダのみを指し得るが、日本語では無理がある。そこで、ゴータマ姓でブッダとなった人という意味で、ゴータマ・ブッダという呼称が、近現代の内外の学者によってよく用いられる。これはまず合理的な呼称といってよいであろうが、古い文献に出てくる呼称ではない。

わたくしも、釈尊にするかゴータマ・ブッダにするかで迷うのであるが、一応、伝統にしたがって、そしてまた、字数が少なくてすむからという理由で、本書では、釈尊という呼称を採用することにした。

誕生

臨月間近、マーヤーは出産のため実家に戻る途中、王家の遊園であるルンビニー園で休息をとった。そのとき、遊園には、アショーカ樹（あるいはサーラ樹）の花が満開であった。伝説によれば、マーヤーが、その花房を手に取ろうと右手をのばしたとき、釈尊がその右の脇腹から生まれ出たという。

この伝説の意味はいろいろ解釈が可能であるが、今は触れない。ただ、マーヤーは、釈尊を産んでから七日にして死去したとされているところからして、この出産が、なんらか、母体を危険な状態にする異常出産であったと考えるべきであろう。

誕生にまつわる神話的伝承のうち、有名なものを紹介しておく。

まず、釈尊が誕生したことを祝し、神々は天上から花の雨を降らせ、二頭のナーガ（竜、コブラ）が、産湯として温冷二条の水を釈尊に注いだという。釈尊の誕生日を祝う誕生会《たんじょうえ》は灌仏会《かんぶつえ》、一般には花祭《はなまつり》といわれる。花をかざりつけた四阿《あずまや》のなかに立っている小さな誕生仏に甘茶をそそぐというのは、この神話がもとになっている。

つぎに、生まれたばかりにもかかわらず釈尊はすっくと立ち、東南西北を順に見まわし、北に向かって七歩あゆみ、左の像のように右手を上に、左手を下に向け、「神々をもふくめて、この世に自分より勝れた者はいない」（天上天下《てんげ》唯我独尊）と宣言したという。

誕生釈迦仏立像（愛知県・正眼寺蔵）〔至文堂「日本の美術第159号　誕生仏」より〕

唯我独尊ということばは日常語となっているが、謙譲の精神ゼロというように、悪い意味にしか用いられない。そこで、れっきとした仏教学研究者までもが、この文句の解釈に苦労している。これでは、釈尊は鼻持ちならぬ傲慢な人物になってしまうのではと心配になるからである。なかには、これは、人間（一般）の尊厳を謳ったものだ、などとする珍無類の解釈まである。

この神話の種は明らかだと思われる。すなわち、説法を決意してバナーラスへ向かう途上出会ったウパカという人物を相手に、釈尊は最初の説法を試み、いきなり語ったのが、右のような文句だったと伝えられている。ウパカは釈尊を相手にしなかったので、この最初の説法の試みは失敗したという。

この伝承は古いので、信憑性は高い。後世の仏伝作者は、釈尊が生まれたときから偉大だったといわんがために、ウパカ相手に語った文句を、生まれたばかりの釈尊に語らせたのである。

3 出家（沙門）への道

青年時代の釈尊

産後わずかにして亡くなったマーヤーに代わって、その妹のマハーパジャーパティーが後妻に入り、釈尊の育ての母となった。釈尊にはナンダという異母弟ができるが、マハーパジャーパティーはよくできた人だったようで、いわゆる継子いじめはまったくしなかったらしい。ただ、浄飯王とともに、釈尊を大事に思いすぎて、ずいぶん甘く育てたようである。どこまで本当かはわからないが、その季節季節に合った豪華な住まいをわざわざ造って、釈尊にあてがったという。

少年期、青年期を通じて、釈尊は内向的な性格で、放っておくと、一人で鬱々と、なにを愉しむでもなく時を過ごすことが多かったという。鬱塊《うつかい》ということばがぴったりとあてはまりそうな暗い少年、青年であったらしい。

なぜそのように鬱々としていたかについて、いろいろな伝承や解釈が存在する。生みの母が、自分を産んでまもなく死んでしまったこと、耕された畑の土のなかから出てきた芋虫を、鳥がついばみ去ってしまうのを目撃したこと、などなど。いずれにせよ、死とか老いとかといった、この世に生を享けたものが逃れることのできない、いわば宿命的な苦しみについて思い悩みつづけていたことはたしからしい。

出家へのあこがれ

そのような釈尊が、生きとし生けるものに課せられた苦しみから最終的に訣別するためには、出家になるほかはないと考えるにいたった動機は何だったのであろうか。この問題は、そう単純なものではないはずで、出家たらんとする志は、おそらく、さまざまな見聞、経験を通して、釈尊の心の内に徐々に形成されはじめ、しかも歳を重ねるごとに増幅の一途をたどったというのが真相であろう。

ある仏伝には、目もあやな衣装、装身具を身にまとい、ふつうの若い男ならばひとたまりもない風情の官能的なしぐさをみごとにこなしていた踊り子や侍女たちが、宴のあと、しどけなくもいぎたなく眠りこけているさまを見て、厭世の想いが一挙に釈尊の心を圧倒したからだなどと説かれている。この伝承はたいへん有名で、昭和三十年代の映画『釈迦』（大映、主演・本郷功次郎）もこれを出家直前の釈尊をめぐる一大エピソードとして取り扱っている。

たしかに、そういうこともあったかもしれない。しかし、それで一挙にというのは、話として単純すぎるきらいがある。それよりも、つぎに紹介するエピソードのほうが、いささかできすぎた話であるとはいえ、釈尊の出家の動機に想いをいたすにあたっては、はるかに説得力をもつように思われる。

それは、一般に「四門出遊《しもんしゅつゆう》」のエピソードとして知られているものである。

この伝承によれば、鬱々と日々を送っている釈尊の身心の健康状態を心配した父王は、朋輩として釈尊に仕えている若者たちに、気晴らしのため、馬で城外を散策するように釈尊を誘えと命じた。あまり乗り気でなかった釈尊も、朋輩の熱心な誘いを拒みきれず、ある日、城の東の門から外に出た。するとほどなく、町なかで、よぼよぼの、見るからにいたましい老人を目にした。老いの苦しみとはこのようなものだということを実感した釈尊は、胸ふたがれる想いでそのまま城に引き返した。別の日、また誘いにしたがい、南の門から外に出た。するとほどなく、病に苦しんでいる人を目にし、やはり胸ふたがれる想いを抱いてそのまま城に引き返した。さらに別の日、西の門から外に出た。するとほどなく、あろうことか死人を目にしてしまい、またそのまま城に引き返した。そして別の日、北の門から外に出たところ、今度は沙門の姿を目撃した。

老いと病と死という避けがたい苦しみに直面して悩みをいっそう深くしていた釈尊にとって、沙門としての生き方こそが、そのような苦しみから最終的に逃れる唯一最善の道ではないかとの確信を、釈尊はこのときに得たのだという話である。

当時すでに沙門はたくさんおり、辺境のその地においても珍しい存在ではなかったものと想像される。沙門と呼ばれる人びとが、なにを目指し、なにをしているのかということは、折りにふれ、釈尊が聞き知るところだったのであろう。最初期から仏教が繰り返し強調したのが老いと病と死の苦しみという避けがたい事実であったことを考えれば、この「四門出遊」のエピソードは、釈尊が出家となることを決意したいきさつを、集約して述べたものだといえる。実際にはいろいろあったということなのであろうが、その意味で、このエピソードは含蓄に富んでおり、傾聴に値する。

また、釈尊は、一度だけ、樹下《じゅげ》に坐して、のちに仏教でいう四禅《しぜん》という四段階の瞑想のうちの初禅に相当する境地に達したことがあり、これがあとになって、釈尊の修行生活の転換に大きなヒントとなったという。

釈尊の結婚生活

おおかたの伝承からして、釈尊は、十六歳で、いとこのヤソーダラーという十三歳の女性を正妻に迎えた。伝承によっては、釈尊には、第二夫人、第三夫人がいたとされている。そうだったかもしれないし、あるいはそうでなかったかもしれない。

十三歳というのは、今日のわれわれからしてみれば幼すぎる気もするが、わが国のことを考えても、初潮を迎えれば、女性はいちおう一人前として扱われるのが、昔であればあたりまえであった。男の成人式（元服）については、それぞれの社会ごとに、かなりはっきりとした年齢が規定されているが、女性については、だいたい、初潮を迎えたときをもって成人となったとみなすのがふつうだったようである。

ところで、釈尊に子供ができたのは、じつに二十歳代後半、おそらく二十九歳で出家する少し前のころであったらしい。釈尊は、いちおう王子（太子）であったから、なかなかお世継ぎができないことで、両親をはじめ、周囲の者たちが、そうとうに気をもんだであろうことは想像にかたくない。第二夫人、第三夫人というのも、断定することはできないとしても、大いにありえた話である。

ここからは臆測の域を出ないのであるが、釈尊に子供ができるまでそれほどの時間がかかったということは、釈尊が、長いあいだ、夫婦としての性の営みを避けつづけていたことを示唆する。人生のいかんともしがたい苦しみに深く悩む青年釈尊にとって、性の快楽に身をゆだねるなどという所行は、想像をはるかに絶したもの、おぞましくも空しいものであったにちがいない。

しかし、ではなぜ釈尊は、子供をもうけることになったのであろうか。ここにわたくしは、バラモンたちの自己防衛に根ざす社会規制に想いを馳せるのである。

すなわち、先にも述べたように、保守的バラモンたちは、男の世俗生活にとってもっとも肝腎要である家長としての義務を果たさずに出家となることをかたく禁じようと大いに努めた。サキヤ族の国は、保守的バラモンたちにとっての「堕落の地」、ガンジス河中流域の、そのまた辺境に位置していたとはいえ、こうしたバラモンたちの考えはかなりの説得力をもって浸透していたものと思われる。

なぜならというまでもなく、世俗生活に身を置く人びとにとって、社会人としての役割をろくに果たさずに出家となってしまう者があっては、まことに困るのである。ことに釈尊は、一族の未来を担う王子であったわけで、人並以上に一族にたいする大きな責任を背負いこんでおり、そうそう自分の思いどおりにはならなかったはずである。

およそ当時にあって、家長の義務というのは、手短にいえば、男子をもうけ、一族の経済的繁栄をはかるということに尽きる。みずからと一族のためにしかるべき祭祀を主催する、うんぬんというのは、それについてくることがらである。釈尊は考えたであろう。一族の長となり、その経済的繁栄をはかるという義務を果たし終えるとなると、いつまでたっても出家となることはかなわない。しかし、男子をもうけさえすれば、一族に負う義務の半分は果たしたことになる。その子が将来、一族を支えることになれば、これまた申し分のないことである、と。

先にも予告し、これから少し詳しく説明するつもりであるが、釈尊は、経験論とニヒリズムに裏打ちされたプラグマティストであった。その面目躍如というべき所行の、世に伝わるかぎりの最初のものが、一子をもうけるということだったのではなかろうか。貴重な時は刻々と過ぎてゆく。このまま無為に世俗生活にかかずらわっているわけにはいかない。それでは、ともかく、なるべく早く男子をもうけるにしくはない。いかに厭うべきものとはいえ、背に腹はかえられぬ、というしだいで、釈尊は男子をもうけるため、性の営みを、せんかたないものとして受け容れた。と、これはあくまでも臆測の域を出ない話であるとはいえ、いちおうの一貫した脈絡を構成するものであると考える。

男子をもうける

かくして釈尊は、ようやく一子をもうけた。しかもありがたいことに、それは男子であった。出家の手段ということもあってか、そしてまた、係累、とりわけ子供は、人を世俗世界につなぎとめる厄介ものでしかないという事実を、すでに釈尊は知りつくしていたということもあってか、薄情なようだが、釈尊は生まれたわが子に、いとおしいとの情愛を抱くことはなかったようである。

その子はラーフラと命名されたが、ある伝承によれば、釈尊は、この名を、わざと不吉な意味にとれるようなアクセントをもって呼んだという。ふつう、この名は、「悪魔を降《くだ》す者」を意味するが、アクセントの置きようによっては「悪魔のなかの悪魔」といった意味になる。釈尊がわざとそのように発音したのは、子供という最愛の係累への想いを断ち切るため、未練を起こさないため、つまり、自分を戒めるためであったと説明されることもあるが、そもそもはじめから情愛をもちあわせていなかったと考えてよいであろう。実際のところ、当時としては、心底薄情な心境になければ、ほんとうの出家にはなれなかったのではなかろうか。

4　出家修行

出家となる

二十九歳、釈尊は城を脱出し、出家となった。次ページの浮彫が示すように、夜中にこっそり城を抜け出したと伝えられている。愛馬カンタカとの別れなど、芝居にすれば絵になる伝承がいくつもあるが、ともあれ、釈尊は城を出るや、きらびやかな衣装を捨ててボロをまとい、短刀でばっさりと髪を切り落としたという。

ここでいささか興味深いのは、パーリ語『ジャータカ』（本生経《ほんじょうきょう》、釈尊の前生《ぜんしょう》の物語集）の冒頭に置かれている「ニダーナ・カター」（因縁譚、仏伝の一種）の記述に、釈尊は、指の関節ふたつ分を余して髪を切った、残った髪は、右巻きによじれ頭皮にへばりついた、以後、髪は終生そのままだったとあることである。

これは、釈尊の螺髪《らほつ》（仏像の髪型）を説明するものである。と同時にまた、仏教の出家は、いつのころからか、われわれの知るごとく、つるつるに剃髪するものとなったが、釈尊をはじめとして、はじめのころの仏教の出家は、かならずしもつるつるの剃髪を旨としていたわけではなかったことも示唆する。今でいえば、五分刈り、スポーツ刈り程度で、じゅうぶんに世俗人との区別はついたということである。

つるつるの剃髪の起源については諸説ある。いわゆる「穢れ」（毛離れ）という、民間習俗によるとするもの、古代エジプトの神官が体毛をすべて剃っていたことが、めぐりめぐって仏教に受け継がれたとするものなどである。いずれも面白いのであるが、定説というにはほど遠く、あくまで仮説の域を出ない。

わたくしは、もうすこし単純に考える。およそ人間のすることで、ある理念が固まれば、あたかも定向進化説のごとく、行きつくところまで行きつかずにはおかないということは多々ある。中途半端は、往々にして人間の堪えがたいものである。短いなら短いで、いっそつるつるの剃髪に統一するのがよい、またそうすれば、まわりの人びとから、一目で仏教の出家と見分

宮廷生活・出家決意（2～3世紀頃、カラチ国立博物館蔵）　出家前後の説話を表した仏伝浮彫。〔日本放送協会『パキスタン・ガンダーラ美術展図録』より、田中学而撮影〕

けがつくので何かと都合がよいと、おおよそそういうしだいだったのであろう。

禅定の道へ

出家となった釈尊は、おそらく「北路」と称される大きな公道に沿ってであろうが、まずは南に向かい、マガダ国にいたった。マガダ国は、当時すでにインド最強の国家となっており、また豊かでもあったため、有名無名の沙門が多数集まっていたというのがその理由のようである。首都のラージャガハ（王舎城《おうしゃじょう》）を乞食《こつじき》してまわっていた釈尊を見かけたビンビサーラ王が、ぜひ自分の家臣にと請うたのを釈尊は断った、といった話も伝えられているが、真偽のほどはたしかでない。

はじめのうち釈尊は、禅定《ぜんじょう》（瞑想、ヨーガの一形態）によって解脱を求める道に心ひかれたようである。これはおそらく、青年時代に樹下《じゅげ》で初禅の境地を味わったという体験によるのであろう。当時は、修行法には、禅定と苦行のふたつがあった。先に見た六師外道は、みな苦行の道を採っており、おそらく、苦行のほうがより一般的であったようである。このふたつの修行法についてはまたあとでやや詳しく触れる。

そのころ禅定によって深い境地に達していたとして、アーラーラ・カーラーマ仙とウッダカ・ラーマプッタ仙のふたりがことに高名であったという。

そこで釈尊は、まず、アーラーラ・カーラーマ仙のもとにおもむき、その指導を仰いだ。アーラーラ・カーラーマ仙が、これこそが最高であるとして教えていたのは、「無所有処定《むしょうしょじょう》」という境地であったという。

これは、のちに初期仏教でいう「四無色定《しむしきじょう》」の三番目に数えられるものと名称が同じである。アーラーラ・カーラーマ仙のいうそれが、中身も仏教の無所有処定と同じであったかどうかは不明としかいいようがない。もしも同じだとすれば、この世にはおよそ存在するものはない、空々漠々たるのみということを、瞑想体験として得る心的状態を指す。釈尊は、この境地をすみやかに体得したようであるが、これが解脱につながるものとは思えず、仙のもとを辞した。

つぎに釈尊は、ウッダカ・ラーマプッタ仙のもとにおもむき、「非想非非想処定《ひそうひひそうじょじょう》」を教えられた。これも、初期仏教の「四無色定」の第四番目、最後に位置づけられるものと名称が同じである。

この境地を得る者は、すでにその前の段階で、認識の対象になるものはまったくないという体験を得ているわけである。すると、対象を区別して認識するということもなく、しかしさりとて、無の認識がある以上、区別して認識するということがないわけでもない、ただ、それをそのままに受け容れるのみという心境が、そこから導かれる。ずっと後世の禅宗でいう「柳は緑、花は紅」の境地に類似しているようであるが、それと同じかどうかははっきりとしない。しかし、釈尊は、この境地にも疑問を抱き、仙のもとを辞した。

初期仏教以来、仏教の修行体系は、戒定慧《かいじょうえ》の三学という枠でとらえられる。戒とは、いわゆる戒律（狭くは律）のことで、修行生活における禁止条項を、その意義を考えながら遵守することである。これは、外的な行動を慎むことで、心の平安、清澄をはかるものである。つぎの定は、直接心を鍛錬し、心の平安、清澄を不動のものとすることを目的とする。雑念、妄念でふらつくことがなくなったときにこそ、仏教としての正しいものの見方（理屈）を体得することができる。これが慧（智慧）である。智慧を完成したとき、修行者は解脱に至る。もちろん、この三学は、実際には並行して行われるのであるが、理念としては、階梯をなしていると見られる。

のちの大乗仏教になると、禅定の最高境地である三昧《さんまい》（心がまったく不動になった状態）をもって解脱（成仏）と見なす傾向がしだいに顕著になり、密教にいたってクライマックスに達する。釈尊がはじめのころついたふたりの仙の教えは、かなりそれに近いものであったと考えられる。つまり、禅定のつぎなるものとしての智慧の獲得というものが、彼らの教えには欠如していると釈尊は漠然とながらも直観したにちがいないのである。成道以降の釈尊の教えが、いかに理屈っぽいものであるか、いかに合理的な思考に貫かれているかは、あとでじっくり見ることにするが、智慧の重視という釈尊の基本的姿勢は、初期仏教の経典のいくつかをひもといてみればすぐにわかることである。

禅定は智慧とは原理的に無関係である。三昧じたいは、生来禅定に向いた心的傾向をもつ人（おそらくかなりの少数派だと思う）ならば、教理とは無関係にいとも容易に得られる。三昧をある種驚異的なこととして尊ぶ傾向は、生来禅定に向いた心的傾向をもたない多数派の、埒《らち》もないあこがれから醸し出されたものだといってよいであろう。

釈尊は、人並はずれて禅定に向いた心的傾向を、これといった鍛錬なしにもちあわせていた人物だったようで、だからこそ、ふたりの仙人が最高だと説く境地に、いともやすやすと達したのであろう。禅定の、あたりまえにして最大の問題は、そこから戻れば、またもとの雑々として心を乱す日常生活が待っているということである。いとも容易に最高の禅定の境地に達し、またもとの状態に戻るのみ、これが、老いや病や死といった苦しみから最終的に逃れる道だとは、釈尊にはとうてい思えなかったということであろう。

苦行の道に入る

老いや病や死などが苦しみとなるのは、この世に生きるということにたいする断ち切りがたい欲望（貪《とん》）、その裏返しとしての嫌悪（瞋《しん》）があるからにほかならない。欲望と嫌悪に包括される心理的な要素を、のちに仏教は煩悩《ぼんのう》と呼ぶようになるが、この煩悩ということばの原語の本来の意味は、まさに「心を汚して苦しめるもの」である。

こうした心理的な要素を滅ぼす手段として、当時さかんに行われていたのが苦行である。禅定に失望した釈尊は、「苦行林」という森に入ってはげしい苦行に専心した。この森は、マガダ国のウルヴェーラー村のネーランジャラー河に近く、苦行者たちが多数集まっていたところである。ここで釈尊は、のちに釈尊の最初の弟子となる五人の修行者（五比丘《びく》）と知り合い、一グループを形成した。この五比丘は、ある伝承では、釈尊を守るため、父王が派遣した家臣たちであったとされるが、真実味のとぼしい話である。

釈尊は、いろいろな苦行を行った。なかでも熱心だったのが、止息と断食であったという。止息の苦行とは、文字どおり息を止めるというものである。これをある程度続けると、耳から呼吸するようになるという。これをも止め、強固な意志をもって苦しみを抑えることによって、苦しみを感ずる心的要素を根絶しようというのである。この苦行のため、釈尊は仮死状態に陥ったという。

釈尊は断食の行にもことさら熱心で、ガンダーラ仏を代表するものとしてあまりにも有名な釈迦苦行像などにきわめてリアルに描かれているように、ほとんど骨と皮だけに痩せさらばえた。

釈迦苦行像（3～4世紀頃、ラホール博物館蔵）〔日本放送協会『パキスタン・ガンダーラ美術展図録』より、田中学而撮影〕

苦行を捨てる

このような過激な苦行をつづけていくうちに、釈尊は、あらゆる苦しみに堪え得る心を練り上げ、ほぼ完璧というところまで行きついたようである。

しかし、どんな苦しみにも堪え得るということと、苦しみを起こす心的機構を根絶し、超越的な平安な心を得るというのは別ものであった。

いかなる苦しみにも堪える心を得るというのは、苦しみを起こさない心を得るということではない。したがって、強固な意志だけでは、苦しみが起こるのを最終的に遮断することはできない。現に釈尊は、世俗生活への誘惑とつねに対決しなければならなかったし、そのため、みずからの道の正しさについて迷いつづけたという。このはげしい葛藤は、足かけ七年、満六年もの長きにわたってつづいたとされる。

なお、世俗生活への誘惑とその克服という話は、仏伝では、かなり古い時代から、悪魔の誘惑と悪魔の退散という神話的エピソードをもって語られている。

ともあれ、釈尊にとって、苦行というものは、智慧の獲得をもたらすものではないというところに根本的な欠陥、限界があったということになる。釈尊はこのとき、青年時代に樹下で初禅の境地に達したことをまた思い出し、やはり禅定こそが、解脱に至る正しい道、智慧を得るための最善の道であることを確信し、苦行に見切りをつけ、苦行林をあとにして、村に下りた。

5 成道から初転法輪へ

体力を養う

苦行林から村に下りた釈尊は、禅定を修するには、痩せさらばえ疲弊しきった肉体ではかなわないと考え、滋養あふれる乳粥《にゅうしゅく》と固い食物を摂取した。乳粥というのは、今日のインドのキールに相当する。水ではなくたっぷりの牛乳で米を炊き、蜂蜜や粗糖で甘味をつけたものである。これを釈尊に捧げたのは、村の牛飼いの娘スジャータであったとされる。

さらに、身心をリフレッシュするために、ネーランジャラー河に入り、清らかな水を飲み、体の汚れをきれいに洗い去った。これをひそかに見届けた例の修行仲間の五比丘は、「ゴータマは贅沢に溺れ、精進《しょうじん》の心構えを捨てた」、つまり堕落したと考え、失望と軽蔑の念を抱きつつ苦行林に戻っていったという。

ブッダとなる

こうして体力を回復し、身心をリフレッシュし終えた釈尊は、ネーランジャラー河に臨むアシュヴァッタ（ピッパラ、ピーパル）の大樹の下に坐して禅定に入り、ついに不動の智慧を得、ブッダとなった。ブッダとは、「目覚めた人」の意で、漢訳では、意訳して「覚者」、音写して「仏」「仏陀」という。

釈尊がブッダとなったその地の広域名はガヤーといわれるが、釈尊のこの偉業をたたえてブッダガヤー（ボードガヤー）とも呼ばれるようになった。アシュヴァッタ樹もそれを記念してボーディ（菩提《ぼだい》、目覚め）樹と呼ばれるようになった。

ちなみに、シューベルトの歌曲集『冬の旅』に収められている有名な歌曲のタイトルになっている「菩提樹」（リンデンバウム）は、シナノキ科の樹木で、イチジク科のインドの菩提樹とはまったく別ものである。釈尊がブッダとなった場所はボーディマンダラ（「マンダラ」じたいは「円輪」の意）、漢訳で「菩提樹下《じゅげ》（座）」「菩提道場」（略して道場）という。

「ブッダ」の語義

さて、「ブッダ」の訳語「覚者」は、「覚《さと》った人」、やがて「悟った人」と読まれるようになる。そこで、たいがいの仏教概説書では、「では釈尊はなにを悟ったのであろうか」という設問のもと、いろいろと考察されるのがつねである。しかし、趣旨はわからないでもないが、この設問じたいは大いに問題である。

なぜならば、「ブッダ」というのは、「ブドゥ」という「自動詞」の過去分詞形なのであり、目的語をもたない。であるから、「ブッダ」というのは、なにかを悟った人、なにかに目覚めた人なのでなく、せいぜいいえて、なにかから目覚めた人なのである。

常識的に、これは、「眠りから目覚めた人」あるいは「夢から目覚めた人」と解すべきである。ここでいう「眠り」あるいは「夢」は、無知ゆえに生存への執著にからめとられ、ただ右往左往するだけを余儀なくされていた状態を意味する。つまり、「ブッダ」とは、そうしたふがいない状態から完全に脱却しおおせた人というのを意味すると見なければならない。

わたくしが右に、「不動の智慧を得、ブッダとなった」と書いたのは、「ブッダ」ということばの原義を勝手に拡大する傾向を批判し、それなりの慎重を期してのことであることを察知していただきたい。

どうせ不動の智慧を得たというのであるから、細かいことをいうなという声が聞こえてきそうであるが、なにしろ「ブッダ」ということばは、「ブッダの教え」である「仏教」のもっとも基本的な術語であるから、その語義解釈は、あいまいさを避け、できるだけはっきりとあからさまにさせておいたほうがよい。結論的にいえば、「目覚めた人」というのはよい訳語である。そこから、中国語、日本語の感覚で、余計なことをいいさえしなければ、という条件つきであるが。

伝承によれば、ブッダとなってもなお、悪魔は釈尊を誘惑しつづけたという。そこで釈尊は、右手の指先で大地に触れ、大地の女神をして釈尊がたしかにブッダとなったことを証言せしめ、悪魔を退散させたという。ブッダとなったことを「成道《じょうどう》」というが、悪魔を降参させたというエピソードを含めて、一般に「降魔《ごうま》成道」と呼びならわされている。

ただし、悪魔はこれでもう出てこなかったかというとそうではなく、その後もしばしば釈尊の前に姿を現し、手をかえ品をかえ釈尊を誘惑しつづけたということになっている。まことに興味深い話である。

また、不動の智慧を得、という不動の智慧の内容はなんであったか（これが、釈尊はなにを「覚ったか」という奇怪な設問となるのであるが）については、次章であれこれと取り上げて考察するので、ここでは触れない。

ブッダの別名

ブッダは、さまざまな別の尊称をもって呼ばれた。その代表的なものを少し挙げて説明することにしたい。

まずは「アルハット」。「（尊敬、恭敬《くぎょう》に）あたいする人」、漢訳で「阿羅漢《あらかん》」（略しら用いられていた。ジャイナ教でも、解脱に至った人の呼称として用いられており、仏教よりもはるかに多用されたらしい。後世、この語からの派生語である「アールハタ」（「アルハットの」「アルハットの教えにしたがう者」）は、もっぱらジャイナ教徒を意味することばとなったほどである。

おそらく当初は釈尊と同じく解脱に達した人びとはみな「ブッダ」であり「アルハット」と呼ばれたはずであるのに、初期仏教も年月を経るうちに、釈尊を特別視する傾向がどんどん進み、ブッダはアルハットであるとしても、アルハットはかならずしもブッダではないという考えが支配的になった。つまり、釈尊のあとに出た仏教の出家で、解脱、涅槃に至った人びとは、アルハットとは呼ばれても、けっしてブッダとは呼ばれなくなったのである。釈尊の神格化以外に、こうした呼びかたのきまりに何の根拠もないことはいうまでもない。

つぎに「バガヴァット」。漢訳ではもっぱら「世尊」と訳される。のちの密教経典の漢訳語としては、それなりのわけがあって、わざと「世尊」という訳語を避けて「薄伽梵《ばぎやぼん》」という音写語が用いられる。「バガヴァット」は、「分け前を有する者」「至福者」を原義とし、仏教以外では、神的な英雄、そしてまた有力な神の尊称としても用いられる。

ヒンドゥー教がはっきりとした姿を見せるようになってからは、この語は、まずはクリシュナの、そしてやがて、クリシュナがヴィシュヌの化身とされてからは、ほぼもっぱら最高神ヴィシュヌの異名として用いられるようになる。釈尊は、本格的なヒンドゥー教の生成発展よりも前に出現している。当時すでに宗教的に最高の尊称となっていたこのことばを、仏教徒が、というより、どうも釈尊自身がみずからをそう呼ぶように弟子たちに指示したようである。

ヒンドゥー教化を推進するバラモンたちは、仏教を凌駕せんがために、「バガヴァット」の尊称を捧げるべき本家本元は、自分たちの最高神にほかならないことを強調しようとして、ことさらこの尊称を多用したというのが、ことの経緯の真相ではないかと思われるが、これは臆測の域を出ない。のちに、ヒンドゥー教は、釈尊を、世界の危機の救済ということについての反面教師という皮肉な意味で、十を数えるヴィシュヌ神の化身の第九番目に位置づけた。仏教を貶《おとし》めつつみずからの懐のうちに抱きこもうという、バラモンたちのしたたかさには舌を巻くばかりである。

つぎに「スガタ」。「善く逝った者」の意で、「善逝《ぜんぜい》」と漢訳される。この語からの派生語で、「スガタの」「スガタの教えにしたがう者」を意味する「サウガタ」という語は、やがて、もっぱら仏教徒を意味するようになる。この意味で、「スガタ」という語は、そうとうに仏教特有のことばであったようである。おそらくこの語は、「まさしくめでたくも彼岸に渡りおおせた人」を原義とするのであろう。輪廻的生存としてのこちら岸（此岸《しがん》）から、あちら岸（彼岸《ひがん》）、つまり解脱の境地である涅槃《ねはん》に入り、もう二度とこちら岸には戻ってこない人、というほどの意味である。

つぎに「タターガタ」。漢訳仏典では一般に「如来《にょらい》」と訳される。これは、この語を「タター（如）・アーガタ（来）」と分解すべきだとする解釈にもとづいている。この解釈は、仏による衆生《しゅじょう》の救済を前面に掲げる大乗仏教的発想によるものである。すなわち、「そのように」を意味する「タター」を、「あるがままそのまま」「実相」「真《しん》如《にょ》」を意味する大乗仏教好みの「タタター」と解し、そこから、わざわざ衆生の救済のためにこの世に「戻って来た人」（アーガタ）と見ているのである。

これは、真実の世界なる理想の世界を何かしら実体的にとらえたところから発した解釈であり、少なくとも最初期の仏教の発想法とはまったくちがう。チベット仏教では、「タター（如）・ガタ（去）」とする。これは、「そのように、まさにしかるべくして彼岸に渡っていってしまった人」を意味する。大乗仏教的発想法から漢訳者たちが意識的無意識的に「如来」と解釈したという事情を勘案すれば、おそらくこの「如《にょ》去《こ》」というのが本来の意味だったのであろう。これならば、先の「スガタ」（善逝）

という呼称ときわめてよく通じ合う。

初期仏教では、釈尊は逝ったきり二度とこの世には戻ってこないのであり、そうでなければ、涅槃に入るもなにも、意味をなさないのである。ジャイナ教でも、「タターガタ」は、逝ったきり戻ってこない解脱者のことを指す。

説法をためらう

ブッダとなってから釈尊は、菩提樹やほかの大樹の下に坐し、五週間、みずからが達した解脱の境地を味わいつづけた。しかし、そのあいだに、釈尊は、解脱に至る道を人びとに説くことに深いためらいを抱くようになった。たとえば、「サンユッタ・ニカーヤ」の『サガータ・ヴァッガ』六・一・一にはつぎのようにある。

「一　わたしはこのように聞いた。或るとき尊師は、ウルヴェーラーで、ネーランジャラー河の岸辺で、アジャパーラという名のバニヤンの樹の根もとにとどまっておられた。初めてさとりを開かれたばかりのときであった。

二　そのとき尊師は、ひとり隠れて、静かに瞑想に耽っておられたが、心のうちにこのような考えが起こった。――

三　『わたしのさとったこの真理は深遠で、見がたく、難解であり、しずまり、絶妙であり、思考の域を超え、微妙であり、賢者のみよく知るところである。ところがこの世の人々は執著のこだわりを楽しみ、執著のこだわりに耽り、執著のこだわりを嬉しがっている。（中略）だからわたしが理法（教え）を説いたとしても、もしも他の人々がわたしのいうことを理解してくれなければ、わたしには疲労が残るだけだ。わたしには憂慮があるだけだ』と。

四　実に次の、未だかつて聞かれたことのない、すばらしい詩句が尊師の心に思い浮んだ。

『苦労してわたしがさとり得たことを、
今説く必要があろうか。
貪りと憎しみにとりつかれた人々が、
この真理をさとることは容易ではない。
これは世の流れに逆らい、微妙であり、
深遠で見がたく、微細であるから、
欲を貪り闇黒に覆われた人々は見ることができないのだ』と。

五　尊師がこのように省察しておられるときに、何もしたくないという気持に心が傾いて、説法しようとは思われなかった」
（中村元訳『ブッダ　悪魔との対話――サンユッタ・ニカーヤII』岩波文庫、八三～八四ページ）

このように釈尊が説法をためらった理由について、これまでさまざまな議論がたたかわされてきた。ある学者は、大きな課題を果たし終えた人がややもすれば陥りがちなアンニュイ（精神科用語でいえば「荷おろし鬱病」）だとする。しかし、わたくしは、これは、生存欲の滅却、生についてのニヒリズムに深くかかわる問題であると考える。これについては後述する。

梵天勧請のエピソード

しかし、結局、釈尊は説法を決意した。右のような深刻なためらいから説法を決意するに至るまでに、釈尊の心境がどのように変化していったのか、それを知る直接の手がかりは、仏典からは得られない。
仏典では、この心境の変化は、宇宙創造神であるブラフマー（梵天《ぼんてん》）から三度にわたって懇願されたから、という、有名な「梵天勧請《かんじょう》」のエピソードによって語られるだけである。このエピソードは、おそらく後世の仏教徒による神話的捏造になるものであろう。しかし、ほかならぬ釈尊自身が、いわくいいがたい心境の変化を、まさにそのように述懐したのでは、といった可能性も否定しきれない。正確なところを述べても他人にうまく理解してもらえそうもない、ならば、心中のみずからの声を梵天の説得として譬喩《ひゆ》的に説明しておけば、だれかはおぼろげながらでも理解してくれるであろう、といったぐあいにである。

これ以上、この問題を考えていくのははなはだ困難である。ただ、これを「メシア（救世主、キリスト）願望」（一部の学者たちが考案した精神分析用語）によるものだといってすます人もいるが、これはいかがなものかと思う。なにかに名称を与えたからといって、それを説明したことにはならないからである。

説法の試み

説法を決意した釈尊は、当時インド最大の商業文化都市で、さまざまな流派、あるいはさまざまな考えをもった一匹狼的な修行者たちがたむろするバナーラスに向かった。

その途上、釈尊は、アージーヴィカ教徒のウパカという人物に出会った。ウパカは、釈尊のなにかしら清らかなさまを見て、なんじは誰を師としてなにを正しい教えとして信奉しているかと問いかけた。それにたいして釈尊は、自分はすべてに打ち勝った者であり、すべてを知る者である、自分には師はいないし、また、神々（天）のなかにも人間のなかにも、自分に並ぶような者はいない、と高らかに宣言した。釈尊誕生にさいしての逸話に出てくる例の「天上天下唯我独尊」ということばの起源はここにある。また、このことにより、釈尊は「無師独悟《むしどくご》」の人といわれる。師の導きを受けることなく独力で目覚めた人、ブッダとなった人という意味である。

これを聞いたウパカは、おそらく釈尊を、誇大妄想にとりつかれたうさん臭いやからであると思ったのであろう、自分でそうおっしゃるのならまあそういうことでしょうなと答え、なんとまあというふうに頭を振りながら去っていったという。釈尊の最初の説法の試みはこうして失敗した。

初転法輪――最初の説法

釈尊は、バナーラスの郊外のミガダーヤ（鹿野苑《ろくやおん》）、別名イシパタナ（仙人堕処《せんにんだしょ》、「修行者たちの集まるところ」の意）、現在名サールナートにいたり、そこでかつての苦行仲間の五比丘に再会した。比較的古いある伝承によると、五比丘は、はじめ釈尊を見かけたとき、あんな堕落したやつは相手にすまいと約束し合ったが、近づいてくるにしたがい、釈尊のただならぬ高貴な風情についい約束を忘れ、なつかしげに「ゴータマよ」と呼びかけた。すると釈尊は、開口一番、「わたしに呼びかけるに本名をもってしてはならない」と叱責したという。

のちのヒンドゥー教の神話にも、本名をもって呼びかけられた聖者が、けしからぬことだと立腹する話が伝えられている。わが国でも昔は、身分の高い人を本名で呼ぶことは極力避けるべきとされたのと一脈通ずるものがあっておもしろい。ともあれ、以来、弟子や信者は、釈尊には、世尊などの尊称をもって呼びかけるのを常とした。

古い仏典において、「ゴータマよ」といって釈尊に語りかけるのは、きまって、まだ釈尊がそれほど偉大だとは思っていない人物たちばかりである。右の五比丘への最初のことばは、もしも本当にそのとおりであったとすれば、釈尊はすでに五比丘を弟子扱いしていた、そしてまた五比丘も、すでに弟子として釈尊にしたがう心境になりつつあったらしいことを物語る。もちろん、ただのフィクションかもしれないが、よくできた興味深い話である。

釈尊は、この五比丘を相手に、中道と四聖諦《ししょうたい》とを説いたという。初めての説法なので、このことを初転法輪《しょてんぼうりん》という。五比丘のうち、なかでも聡明をもって知られるコーンダンニャ（憍陳如《きようちんによ》）が、これをただちに理解し、弟子になった。ややあってほかの四人もこれを理解し、弟子になった。ここに、釈尊の教えを仰ぐ出家修行者の集団、サンガ（僧伽《そうぎや》）が成立した。

6　その後の活動と弟子たち

ヤサの出家と四衆の成立へ

釈尊はその後まもなくバナーラスの市中に向かい、そこで同業者組合長の息子ヤサ（耶舎《やしや》）に教えを説き、彼を弟子に迎えた。そのときヤサは、遊び仲間の親友を中心に、五十名余りの友人たちをさそい、釈尊のもとに弟子入りさせた。さらに彼の父母は、それぞれ、在家としてサンガに奉仕する優婆塞《うばそく》（ウパーサカ、信士）と優婆夷《うばい》（ウパースィカー、信女《しんによ》）となった。

ここに、出家の集団とそれに奉仕する在家より成る四衆《ししゆ》（パリシャッド）の原型ができあがった。四衆は、比丘、比丘尼、優婆塞、優婆夷より成るものである。ただ、このときには女性の出家の入門はなかったので、三衆だったのであるが。

出家の集団は、このときにはまだはっきりとした組織形態、組織原則が整っていたわけではない。最初期には、出家はごく少数であったから、だいたい釈尊が独断的に運営していたと見られる。しかし、出家がかなりの数に上るようになって、釈尊は、みずからが長となっている出家の集団を、よりはっきりと「サンガ」として位置づけるようになった。

「サンガ」というのは、ある特定の組織形態を指し、すでに当時、同業者組合や共和制国家がみずからを「サンガ」と呼んでおり、釈尊はこの呼称を採用したのである。

この名称で呼ばれる組織の最大の特徴は、その構成員が基本的に平等の権利と義務を担うということである。重要な決定は、組織の長や少数の上位集団が一方的に下すのではなく、同等の発言権をもつ構成員全員の合議にもとづくものとされる。ほかにも、「ガナ」と呼ばれる組織もたくさんあったが、これもまた、ほぼサンガと同様の運営形態をもっていたようである。

ともあれ、釈尊は、透徹した合理主義精神のゆえに、全員の納得にもとづいた決定こそが最大の効力をもつと考える人であったらしく、かなり早くから、サンガの理念をみずからの教団に採り入れるのに熱心であった。

こうして確立されたサンガとしての出家の教団にあっては、釈尊は独裁者というにはほど遠く、あくまで一提案者（といっても、ほかの出家たちよりははるかに重んぜられたのはもちろんであるが）として、出家全員の合議に委ねるというスタイルを採った。漢訳仏典の「和合衆《わごうしゅ》」という訳語は、「サンガ」の基本的な性格をよく示している。

やがて、さらに出家の数が増え、遊行《ゆぎょう》をかねて小さなグループが広範囲に展開するようになると、全員が一堂に会して審議を行うということは、実際のところ不可能となる。そこで、すでに制定されている決まりのなかに収まることがらであれば、ある条件を満たしさえすれば、出先の小グループが独自に決定を下してもよいとされるようになった。こうした、出先の個々のサンガのことを現前サンガという。これにたいして、すべての構成員より成るサンガを四方（招提《しょうだい》）サンガと呼ぶ。四方サンガには、出家の教団は一枚岩であり、いかなる地域のちがいをも超えた仏教の普遍性を体現するものという理念が与えられている。

インドでは、釈尊の入滅から百年あるいは二百年を経過したころから、数ある現前サンガの諸連合があい争うようになり、多くの分派（部派）が出現するようになる。大乗仏教が興起し、さらにアジア各地に仏教が広まるにつれ、その傾向はますます顕著になる。しかし、忘れられてしまったのではないかと見える四方サンガの理念は、折りに触れ想い起こされ、今日に至っている。とてもこれが同じ仏教とは思えないほど、アジア各地の仏教は変容してしまったが、相互の交流が盛んに行われるようになった昨今、四方サンガの理念は、また再び脚光を浴びつつあるかに見受けられる。

釈尊、名を挙げる

釈尊は、ヤサの弟子入りをきっかけに数十人となった弟子たちに、ともかく散らばって、遊行しながら教えを説くように指示した。その後、釈尊はマガダ国に戻り、精力的に教えを説いてまわり、新しい弟子たちを獲得していった。

釈尊の名を一挙に高からしめるできごとが起こった。それは、当時マガダ国に大きな勢力をもち、火を拝する儀礼を特徴としていた教団の長、ウルヴェーラ・カッサパと問答を行い、とうとうみずからの弟子にしたというできごとである。

カッサパには二人の弟がおり、合わせてカッサパ三兄弟として世に知られていた。長兄が釈尊の弟子になったのを見て、二人の弟もただちに釈尊の弟子となった。そればかりでなく、カッサパ三兄弟にしたがう人たちも、こぞって釈尊のもとに走った。その数、千人といわれている。

まさしくこれは、世間をあっといわせる、釈尊の最初の快挙であった。マガダ国王ビンビサーラは、弟子の大群をしたがえて王舎城に入ってきた釈尊のもとに馳せ参じ、在家信者として釈尊に帰依することを表明した。ビンビサーラ王は、王舎城郊外の竹林園を釈尊とその出家教団に寄進した。これが仏教の最初の精舎《しょうじゃ》（ヴィハーラ）であった。精舎というのは、のちの寺院、僧院の原型となるものであるが、このときには、雨露をしのぐに足る木造の質素な家屋が適当な数建ち並ぶ程度のものであったらしい。

精舎の原語は、別に「止住《しじゅう》」とも漢訳される。一時的な仮の宿りといった意味である。出家は本来、乞食遊行、一所不住を旨とし、屋根のあるところに定住するなどもってのほかなのである。しかし、すでにこのころ、沙門たちのあいだで、雨季のあいだは、長距離を歩きまわることは避け、できるだけ一ヵ所から動かないというのが慣習となりつつあった。この慣習は不殺生戒《ふせっしょうかい》に由来する。つまり、雨季になると、蟻など、無数の小動物が地面を這ってまわる。この季節にむやみに歩きまわると、どれほど注意してもそれらを踏みつぶすことは避けられない。このために、雨季には定住生活が望ましいとされたわけで、仏教教団もこの慣習にしたがったのである。

今日でも、ジャイナ教の出家は、遠出をいやがる。ジャイナ教は、仏教よりもはるかに殺生を嫌う宗教で、出家はいうに及ばず、在家の生活のありかたをも不殺生の精神が規定してきた。ジャイナ教の在家たちは、小売商、金融商を主要な職業としている。耕す作業で土中の虫を殺すおそれのある農業や、長距離の移動を繰り返すことによって小動物を多量に踏みつぶす可能性の高い交易（貿易）商は、望ましくない職業として忌避される。苦行主義という点を除いて仏教ときわめてよく似た教義をもつジャイナ教が、仏教とちがって、ほとんどインド以外の地に広まらなかった最大の理由はここにあると考えられる。

釈尊の「妥協的態度」について

さて、雨季には遊行は控えて定住するということを、雨安居《うあんご》、あるいは夏安居《げあんご》という、わが国でも、禅宗を中心に、集中的修行期間としてその慣習が伝えられている。ただ、問題となるのは、いかに雨安居で定住生活が求められるとはいえ、屋根の下に住まうというのは、遊行を旨とする出家生活の原則に反するのではないかということである。仮の定住はやむをえないとしても、大樹の下、洞窟、岩蔭など、いろいろあるではないかという疑問は、とうぜん出てくる。

釈尊は、本来の出家生活のあるべき姿からすればいかがかと思えることを、意外にすんなり受け容れているのである。ボロを綴った衣を着用すべしといいながら、在家から寄進されれば新品の衣を受け取って着用する、不殺生の原則からして禁忌とされる肉料理も、条件つきとはいえ、乞食で在家からそれを受け取れば、それを食す、などなど。

のちに、釈尊のいとこのデーヴァダッタ（提婆《だいば》達多《だった》）は、本来あるべき厳格な出家生活への復帰を唱え、釈尊に反旗をひるがえし、一時、サンガのなかで多数派を獲得したと伝えられる。のちの仏教徒からは、自己の野望からサンガの分裂を企んだ悪魔的人物として扱われ、仏伝では、ビンビサーラ王の息子アジャータサットゥ王子と結託して、たびたび釈尊の暗殺をはかり、挙げ句の果てには、釈尊の寝台の下に潜み、毒を塗った爪で釈尊を引っ搔こうとまでしたが失敗し、生きながら大地の裂け目に呑まれ、たちどころに地獄に堕ちたとされる。

かれが、修行生活のことで釈尊に反旗をひるがえしたことはたしかなようである。しかし、かれは結局、釈尊の教団を去り、独自の教団を創ったらしい。この教団は、その後数百年にわたって存続したことが、中国の留学僧らの記録からもたしかめられる。興味深いことに、紀元前後に成立した大乗経典の『妙法蓮華経』（法華経）では、デーヴァダッタは、初期仏教経典がいうほどの極悪人ではなく、むしろ好人物として描かれている。

釈尊が、現実に即して妥協をかさねたことはたしかであろう。しかし、だからといって、このことで釈尊の評価が下がるというわけでもない。釈尊がこうした問題について明言しているところによれば、在家は出家に布施をすることで功徳を積むのであるから、意地をはってそれを妨げてはならないというのが、その原則的な立場である。また現に、そのようにしなければ、仏教が多くの人の支持を得て、大きく発展することは不可能だったであろう。

しかし、たんに釈尊は現実主義者だったから、とだけいったのでは、釈尊の態度を十分に理解したことにはならない。この点は注意を要する。繰り返すが、釈尊は、経験論とニヒリズムに裏打ちされたプラグマティストであったからこそ、やすやすとそのような妥協的な態度に出ることができたと考えるべきである。

あからさまにいえば、釈尊にとって、ある種肝腎なことがらをはずすことがなければ、あとのことは、その肝腎なことがらに資する可能性が多少ともありさえすれば、どうでもよいことだった。余計な誤解は極力避けたとはいえ、誤解を避けるのに懸命になるほど、釈尊はこの世のことに関心があったわけではない。

釈尊が、成道後、しばらくのあいだ説法に打って出ることを躊躇した最大の理由は、まず誰も自分のいうことを理解できないであろう、誤解するのがせいぜいであろうという予感であった。いささかの心理的経緯があって釈尊は説法を開始したが、このような釈尊にしてみれば、ともかく説法を決意した以上は、その芳しくない予感が的中したとしても、少しも心をいためるには及ばなかったというべきであろう。

サンジャヤの徒の合流

そのころ、五比丘の一人アッサジ（馬勝《めしょう》）は、六師外道の一人サンジャヤの高弟であるサーリプッタ（舎利弗《しゃりほつ》）に出会い、わが師事する大沙門（釈尊）は、すべてのものは原因があって生ずる、そしてそのお方は、その原因と、原因の消滅についても語られるのであると説いた。これは、釈尊の縁起説、あるいはそれを軸とする四聖諦にかかわることである。サーリプッタはこれを聞いてただちにそれを理解し、同じくサンジャヤの高弟であったモッガッラーナ（目連）と語らって、ともに釈尊のもとに弟子入りした。このとき、ほかのサンジャヤの徒二百五十人もかれらに同調した。もっとも優秀な者も含めて大量の弟子を釈尊に奪われたサンジャヤは、真偽のほどはたしかでないが、血を吐いて憤死したと伝えられている。

のちの仏典には、「世尊は弟子千二百五十人とともに」、というのが決まり文句としてよく登場する。この数は、先のカッサパ三兄弟以下千人、このサーリプッタ以下二百五十人とを合わせた数に一致する。これは、ほかにももちろんいろいろ弟子はいたのであるが、大量弟子入り組が、釈尊在世時の主力であったことを物語るものだといえる。

サーリプッタはその後、仏教教団の上首として、仏教を各地に伝えるのに多大の功績を挙げた。また、釈尊がごく簡潔にしか説かなかった縁起説をより精密に整備展開するのに熱心であった。ある学者たちは、のちにかなり形而上学的となる縁起説の基礎を築いたのはサーリプッタであり、その意味で、仏教は、かなりの程度、サーリプッタ教といっても過言ではないという。現に、ジャイナ教の古い経典で、往昔の聖者たちを列挙した『イシバーシヤーイム』によれば、ブッダと呼ばれる多くの仏教の聖者たちを率いていたのはサーリプッタであった。仏教の外から見ると、釈尊よりも、サーリプッタのほうが目立ったということである。つまり、それほどかれの活躍はめざましかったのである。

サンジャヤは、先に紹介したように、鰻論法を駆使して不可知論を宣揚していた。釈尊も、あとで見るように、ある種の問題にかんしては、徹底した不可知論の立場を採っている。しかし、サンジャヤが、おそらく不可知論一点張りだったのにたいして、釈尊は、一方で、知られうるものは知らるべきだとの立場もはっきりと採っている。なんのために修行するのかを明確に自覚するためには、ことの因果関係が明らかにされていることが大きな力となる。釈尊の教えを聞いてしまった以上、サンジャヤの教えに不満を抱いて、弟子たちが大挙して脱出したというのも自然の勢いだったのであろう。

サーリプッタをはじめとする元サンジャヤの徒たちが大活躍したというのは、おそらく、かれらがサンジャヤのもとで、理屈（屁理屈も含めて）を効果的に展開する弁論術の訓練をたっぷりと受けていたためであろう。

サーリプッタは、釈尊よりも年長であり、釈尊在世中に亡くなっている。自分の分身ともいうべき彼の死を聞いた釈尊は、珍しく悲しみの表情をあらわにし、嘆息してやまなかったと伝えられる。

サキヤ族出身の弟子

釈尊は、成道から数年ほどして、故郷のカピラヴァットゥに立ち寄った。今や世に知られた聖者となった釈尊に、サキヤ族の人びとは帰依し、多くの青年たちが出家して仏教教団に入った。いとこのアーナンダ（阿難《あなん》）、デーヴァダッタ（提婆達多）、異母弟のナンダ（難陀《なんだ》）、宮廷理髪師のウパーリ（優波離《うぱり》）などである。

アーナンダは、その後、釈尊の入滅まで釈尊に常に付き添い、侍者の役を忠実に務めた。デーヴァダッタは、先にも述べたとおり、厳格な戒律主義者で、のちに深刻な問題を起こす。ウパーリは、戒律の条項とその戒律が制定されたいきさつを、だれよりもよく熟知した人物となり、アーナンダとともに、釈尊入滅後まもなく開かれた第一結集《けつじゅう》において大きな役割を果たすことになる。釈尊は、わが子ラーフラも出家させ（といっても、彼はまだ子供だったので、出家見習いということであるが）、サーリプッタにその指導を任せた。

祇園精舎の寄進を受ける

仏教は、ジャイナ教、アージーヴィカ教など、沙門系の宗教と同じく、バラモンたちのヴェーダの宗教とはちがい、明らかに都市に基盤を置いた宗教であり、商工業者のなかでも羽振りのよい人びと、都市の経済力を背景に強大な権力をもつようになった新興国家の国王や貴族たちが、その最大のパトロンであった。「善男子《ぜんなんし》善女人《ぜんにょにん》」というのは、初期の仏典にあっては、良家の子女を意味する。この場合の良家というのは、富（あるいはそれに加えて権力）を手中にしているがゆえに世間で一目置かれている家（一族）という意味であり、保守的なバラモンたちがいう意味での上層階級に属する家ということではない。

また、在家の男の信者で、「居士《こじ》」と呼ばれる人びとが仏典にしばしば登場する。この「居士」というのは、「家長」を原義とするが、初期の仏典においては、狭く、莫大な財力をもってサンガに寄与する資産家だけを指す。今日、戒名（あるいは法名）で居士号をもらうにはかなりの金がいるというのは、こうしたことに由来する。

このように、都市の商工業者や都市の経済力を背景にした強国の権力者たちが、釈尊の時代以来、インドでは、仏教の最大のパトロンでありつづけた。こうしたパトロンたちのうなるような財力を背景に、仏教の出家たちは、やがて、壮大な僧院のなかで、修行と並行して、学習、教学研究に没頭しうるようになった。古代のインドでは、仏教の僧院が大学の役割を果たしたのである。このため、仏教の教学の整備は他派をはるかに抜いてすみやかに行われ、紀元後十世紀ぐらいまで、哲学、論理学の分野で、常に他をリードしつづけることができた。

バラモンたちの中心哲学は、のちに一元論へと移っていくが、これを本格的に体系化するのに成功した八世紀のシャンカラは、仏教教団を模倣して、保守的バラモン側としてははじめての僧院制を確立した。それまでは、ばらばらの状態で教育と研究が行われていたのが、以来、きちんとしたシステムを備えた僧院で行われるようになり、理論整備が飛躍的に進み、かくしてようやく仏教とまともに論戦を交えることができるようになったのである。

　このように、仏教の教育研究システムは、インドにおいてきわめて先進的なものであったが、これはまさに、都市の財力を背景にしていたからこそ可能だった。やがて、紀元後四世紀に成立し、インド古典文芸の黄金期を築いたグプタ朝（バラモンたちの宗教を支持）が百年ほどして急速に衰退するなか、それ以前における漢の滅亡、西ローマ帝国の滅亡も大きく作用し、東西の大規模な交易が行われなくなったのをきっかけに、インドの商工業経済は、一気に縮小し、中世も終わりのころになるまで、低迷をつづけた。仏教教団が衰退し、十三世紀のはじめにはインドの地から消滅してしまった最大の原因の一つはここにある。仏教が栄えたのも滅びたのも、まさにそれが典型的な都市型宗教だったからだといえる。

　さて、釈尊の前に、釈尊在世時における最大のパトロンが現れた。その名をスダッタ（須達《しゅだつ》長者）、通称アナータピンディカ（給孤《ぎっこ》独《どく》長者、身寄りのない人びとに食事を提供する人の意）という。かれはコーサラ国の首都サーヴァッティー（舎衛城《しゃえいじょう》）の大富豪であった。あるとき彼は、商用でマガダ国の王舎城を訪れたとき、ブッダが現れたという話を聞き、さっそく釈尊に会い、ただちに帰依して仏教の在家信者となった。彼は、舎衛城のジェータ太子所有の園林を大金をもって買い取り、しかるべき施

祇園布施（紀元前1世紀、カルカッタ・インド博物館蔵）　バールフト仏塔欄楯柱部分の仏伝浮彫の一部。〔学研『天竺への旅　第2集　仏像の源流をたずねて』より、丸山勇撮影〕

設を建設して釈尊に寄進した。これが有名なジェータ林（祇園精舎、祇《ぎ》樹給孤《じゅぎっこ》独園《どくおん》）である。

この逸話は広く語りつがれ、図のように浮彫としても残された。後世には石や煉瓦を用いた建造物が建ちならぶ壮大な精舎となった。その遺構は、現在のサヘートマヘートの地に見られる。

釈尊在世時には、王舎城の竹林園、舎衛城の祇園精舎のほかに、さらにいくつもの精舎が建設され、サンガに寄進された。王舎城では、釈尊は、近くにあるギッジャクータ（霊鷲山《りょうじゅせん》）にも好んで住したようである。

ともあれ釈尊は、ガンジス河中流域のあちこちの都市に設立された精舎のあいだをひんぱんに遊行してまわる生活を送った。

比丘尼教団の成立

女性の出家修行者（比丘尼）を受け容れた教団が、当時ほかにあったかどうかは定かでないが、仏教のサンガは、釈尊在世のときから多数の比丘尼を受け容れてきた。仏教の比丘尼の第一号は、釈尊の育ての母マハーパジャーパティー（ゴータミー）、第二号はかつての妻ヤソーダラーであると伝えられる。

マハーパジャーパティーから、出家して教団に加わりたいとの申し出があったことを聞いた釈尊は、はじめは否定的であった。これはもちろん、すでに多数いた男の出家修行者（比丘）の修行の妨げになることを心配したからである。しかし、最終的には、侍者アーナンダの取りなしで、釈尊は比丘尼の受け容れを認めたという。ただし、比丘尼は比丘に絶対服従の態度をもって臨まなければならないということを中心としたいくつかの限定条件をつけてのことであった。

比丘尼は少数派であったが、絶世の美女ウッパラヴァンナー（蓮華色《れんげしき》）をはじめ、後世に名を残すほどの優秀な人材に富んでいたようである。

比丘尼のなかでも最高の境地に達したとされる人びとが詠んだ詩が、パーリ語の『テーリー・ガーター』に収められている。比丘のほうの詩は『テーラ・ガーター』

に収められているが、両者を比較しながら読むとなかなか興味深い。比丘の詩は、ともかくみずからが得た安楽の境地を謳歌するものがほとんどである。これにたいして、比丘尼の詩には、みずからの苦しく暗い、波乱に富んだ過去を回想しながら今現在の心境を述べるという内容のものが多い。

とはいえ、釈尊がはじめに心配したようなことが多々起こったことはたしかである。人里離れたところで一人修行している若い比丘の近くに妙齢の比丘尼がいれば、スキャンダラスな事件も起きようというものである。いろいろな事件、問題をきっかけに、比丘と比丘尼の修行する場所を分けたりなどと、さまざまな規則が設けられていった。

その他の弟子

釈尊の弟子たちは、大まかには、カッサパ三兄弟以下の集団改宗者たち、サーリプッタをはじめとする元サンジャヤの徒たち、サキヤ族出身者たちの三つのグループに分けられる。しかし、これ以外にも重要な弟子、有名な弟子は多数いる。

なかでも重要な人物は、サーリプッタ亡きあと教団の実働部隊の統率者となったマハーカッサパ（摩訶《まか》迦葉《かしょう》、大迦葉）である。彼は、本来の出家の修行生活を厳格に守り通すことにおいて第一人者であったという。また、彼の最大の功績は、釈尊入滅後まもなく、釈尊の教えが散逸したり誤って伝えられることを恐れて、仏教史上第一回目の経典編纂会議（第一結集《けつじゅう》）を主宰したことである。なお、中国、日本では、禅宗の初祖とされる。

釈尊の教えをもっともよく理解し、遠隔の地に仏教を広めることに功績のあった弟子としては、プンナ（富楼那《ふるな》）やマハーカッチャーヤナ（大迦旃延《だいかせんねん》）などがいる。

釈尊の教化力がいかにすぐれたものであったかを説明するときに、よく引き合いに出される弟子としては、チュッラパンタカ（周梨槃特《しゅりはんどく》、朱梨槃特）とアングリマーラ（指鬘外道《しまんげどう》）が有名である。

前者は、聡明な兄とはちがい、釈尊の教えの片言隻句も憶えられなかったが、箒で庭を掃く（煩悩を払うということを暗示する）という課題を与えられ、ついに解脱を得たという。後者は、強盗殺人を繰り返し、被害者の指を切り取り、それを糸で連ねて髪飾りとしていたという、極悪非道の人間であったが、釈尊に出会い、その弟子となってひたすら修行に励んだという。

7　般涅槃に入る

釈尊の晩年

釈尊は、成道ののち、四十五年間、教えを説いたとされている。その釈尊の晩年には、仏教の教団の内と外とで、さまざまな出来事が起こった。

教団の内部では、先にも触れたように、いとこのデーヴァダッタが、五項目よりなる厳格な生活規定（五事）の遵守を唱え、釈尊に反旗をひるがえし、みずからが教団の指導者たらんとはかった。デーヴァダッタは、釈尊のパトロンであったマガダ国のビンビサーラ王と敵対していた王子のアジャータサットゥ（阿闍世《あじゃせ》）の帰依を受けており、後ろだて十分と判断してそうした挙《よこし》に出たのであろう。かれに、後の（正統）仏教教団の手になる仏典の記述どおりの邪まな野望があったかどうかは疑わしいが、いっときとはいえ、サンガに混乱をもたらしたことは事実であった。

かれの主張は、いわば、出家の原点に帰れというもので、きわめて理想主義的である。少なくとも当時の出家たちは、大なり小なり過激な理想主義（高邁な理想主義といいかえてもよい）を心の内に抱いていたはずで、そのため、半数を超える比丘たちが、デーヴァダッタのもとに走ったという。ほとんどの比丘たちは、教団の長老たちの説得によって戻ったが、デーヴァダッタとごく一部の比丘は、そのまま別の教団を形成して、釈尊の教団と袂を分かった。

また、このころになると、ガンジス河中流域では、諸国家の勢力の均衡状態が破れ、戦争が多発するようになった。この地方第二の勢力を誇っていたコーサラ国は、新王を戴くや、北に兵を進め、サキヤ族を滅ぼした。そのコーサラ国も、ほどなく、父王ビンビサーラを殺害してマガダ国王となったアジャータサットゥによって滅ぼされた。釈尊が最後の旅に出るときには、マガダ国がいつリッチャヴィ族の共和制国家を攻撃するかといった、緊迫した状況にあった（やがてアジャータサットゥのマガダ国は、ガンジス河中流域の諸国家をすべて打ち破り、インド亜大陸最初の本格的統一帝国となった）。

釈尊は、旅の途上で入滅した。パーリ語の『マハーパリニッバーナ・スッタンタ』（大般涅槃経《だいはつねはんぎょう》、サンスクリット語で書かれたそっくりのタイトルの大乗経典があるので、混乱を避けるため、前者を「パーリ涅槃経」、後者を「大乗涅槃経」と呼ぶことがある）は、多少、後世の人たちの手になる神話的伝承が入り混じっているとはいえ、その最後の旅のようすをかなり詳しく伝える貴重な資料である。以下、だいたいこれにもとづいて、簡潔に釈尊の最期とその直後のできごとのあらましを述べることにする。

最後の旅に出る

釈尊は、侍者アーナンダを伴って、王舎城を出立した。旅の途上のあちこちで、釈尊につきしたがう弟子はいたであろうが、出立から入滅にいたるまでずっと釈尊につきしたがったのはアーナンダだけだった。仏教伝道の実働部隊を率いるリーダーは、少し前まではサーリプッタであったし、今はマハーカッサパであった。

おそらく釈尊は、高齢になったある時期から、ほとんど隠居に近い生活を送っていたのではないかと想像される。また、隠居的な生活を楽しむことができたのは、伝道活動を全面的に任せられるほど、弟子たちが成長していたからだともいえる。

王舎城をあとにした釈尊は、北路をたどり、ガンジス河の北のヴェーサーリーにいたった。ここで釈尊は、ヴェーサーリーに隣接しているリッチャヴィ（ヴァッジ）族の国がマガダ国によって滅ぼされるかもしれないという噂を耳にし、彼らの国（共和制）が滅びないための条件を七項目にわたって述べたとされる。これは七不衰法と呼ばれ、同じ組織原則をもつ仏教のサンガの今後のあるべき姿についての釈尊の遺言としても受けとめられることとなった。長老、賢者のことばを尊ぶことによって、つねに和をはかるべしというのがその要点である。

病を得る

この地で雨季のためしばらく定住（安居）しているとき、釈尊は重い病にかかり、大いに苦しんだ。伝承によれば、このときまたまた悪魔が姿を現し、釈尊に入滅を勧めた。弟子たちも育ったことであるし、そろそろ入滅して楽になったらどうか、というもので、釈尊は悪魔の勧めを受け容れ、三ヵ月後に自分は入滅するであろうと約束したという。このとき侍者アーナンダは席をはずしていた、あるいは居眠りしていたとされ、あとでマハーカッサパからきつくとがめられたといわれている。

病状がやや回復し、雨季が明けてから、釈尊はヴェーサーリーをあとにした。郊外の峠にさしかかったとき、釈尊は、ゆっくりとこうべをめぐらせ、じつに懐かしげにヴェーサーリーの街を振り返ったという。のちにこのエピソードは、「象王回首《ぞうおうえしゅ》」と名づけられている。旅から旅の生活に四十五年を過ごしてきた釈尊にとって、いちばんのお気に入りの街はヴェーサーリーであったと伝えられている。

さらに北へ北へと進んでパーヴァー村にいたり、ここで釈尊は、鍛冶工チュンダの差し出した「スーカラ・マッダヴァ」を食したのち、はげしく鮮血がほとばしる下痢に見舞われた。

「スーカラ・マッダヴァ」とはなにかというのは、相当に昔から解釈が困難だったようで、諸説ある。大別すれば、「豚・柔らかい」で「柔らかい豚肉」、「豚・地面をほじくる」で「土中から豚の嗅覚をたよりに掘り出される茸」（フランス料理の三大珍味のひとつに数えられ、採取にやはり豚の嗅覚を借りるトリュッフの仲間）の二解釈となるが、今日では、ほぼ茸説に落ち着いている。

ある漢訳仏典には、「栴檀茸《せんだんに》」との訳語があり、「栴檀の樹に生える茸」と解釈されてきたが、おそらくこれは、「栴檀のように芳香を放つ茸」というつもりなのであろう。フランス料理に用いられるトリュッフも、他の茸にはない芳香（慣れない人には異臭）があるがゆえに珍重されているのである。

釈尊はこれで食中毒を起こし、うんぬん、と説明されるのが常のようである。もしもそうならば、その病気は赤痢というのがもっとも可能性が高い。ただ、別の可能性も考えられる。一般に茸は消化のあまりよくないものであり、やや回復したとはいえ、釈尊は、ほんの少し前に重病で苦しんでいたのである。

「鮮血がほとばしる」（「鮮血が混じり」ではなく）、という記述からすれば、直腸癌とも考えられる。茸による消化不良で直腸の癌組織の一部が破れたとすると、まさに鮮血がほとばしる状態になる。

涅槃（２世紀頃、ペシャワール博物館蔵）　ガンダーラの代表的な涅槃浮彫。〔日本放送協会『パキスタン　ガンダーラ美術展図録』より、田中学而撮影〕

般涅槃に入る

それからしばらく、なおも北に向けて旅をつづけた釈尊も、ついに病に倒れ、上図の浮彫が表すように、クシナーラー（拘尸那城《くしなじょう》）の街の郊外のサーラ樹の林のなかの二本の樹（沙羅《しゃら》双《そう》樹《じゅ》）の間に、北を頭に、右脇腹を下に頬杖をついて横たわり、入滅した。入滅というのは、心を悩ますものが完全になくなった状態に入ることで、涅槃に入るというのと同義である。

涅槃（ニッバーナ、ニルヴァーナ）の語義解釈はさまざまであるが、おそらく本来は、寂静《じゃくじょう》、寂滅（サーンティ、シャーンティ、現代ヒンディー語では英語のピースの訳語としての平和）と同義であった。語源としてはサンスクリット語のニルヴラーナ（灯火を風がふっと吹き消すこと）を想定する学者がほとんどであるが、異論もあり、どうもはっきりとしない。

なお、涅槃を真理あるいは真理の世界と解釈する学者もかなりいるが、これは、人間の認識と言語表現を超越した真理がある、あるいはそうした意味での真理よりなる、あたかもプラトンのいうイデア界のような世界があるとする、後代の大乗仏教、密教の解釈にあまりにも傾斜したもので、古い時代の仏教がいう涅槃の解釈としては肯定できかねる。

「般涅槃《はつねはん》」というのは「パリニッバーナ」の音写語で、完全な涅槃という意味である。釈尊は、成道のさいに、苦しみをもたらす心的機構を滅ぼしており、その意味では、釈尊はすでに三十五歳にして入滅しているのである。しかし、釈尊はそれから四十五年間生きつづけた。生きつづけるということは、肉体的制約をもちつづけるということであるから、それにともなう最低限の欲望、苦痛を避けることはできない。これらは、死によって完全に終止符を打たれる。そこで、釈尊は、死ぬことによって、完全な涅槃に入ったといわれるのである。そしてまた一般に、入滅というのは、般涅槃に入ること、つまり、すでに解脱を得ている人が死ぬことを指し、生前に解脱を得ることを指すことはまれである。

最後の説法

死を前にして、これぞ遺言というにふさわしい教えを釈尊は説いている。

なかでも有名なのは、「みずからを（彼岸に渡るさいの手がかりとなる）中洲とせよ。……正しい教え（法）を手がかりとせよ」というものである。これは、自分（釈尊）が死んで、教えてくれる人がいなくなったといって、弟子たちが途方に暮れることを戒めたことばである。「中洲」は、原語の類似性から、漢訳仏典では「灯明」とされる。そのため、中国や日本では、このことばは「自灯明、法灯明」の教えとして伝えられて今日にいたっている。

もう一つ有名なのは、まさに入滅直前のさいのことばで、「およそありとしあるものは滅びゆく。怠ることなく一心に励め」というものである。これは、世界の存在の無常性などという形而上学的な問題を述べたものではない。人生は短く、死はいつ訪れるかもしれない、このことをよく理解し、できるだけ速やかに目的を達するために、寸時を惜しんで修行に邁進してもらいたい、というほどの意味である。じつに簡潔なことばであるが、修行の心得としてこれ以上完璧なことばはないであろう。

荼毘と舎利八分

釈尊の遺体は、近くの河のほとりで、クシナーラーのマッラー族の手で荼毘《だび》に付された。遺骨（舎利《しゃり》）の所有をめぐって、多くの部族のあいだで争いがあり、あわや乱闘というところまでいったが、最終的には、八つの部族に分けられ、それぞれに舎利を祀る舎利塔が建てられたと伝えられる。近代以降、考古学者の発掘により、舎利八《はち》分《ぶん》という古い伝承が、おそらく歴史的事実を伝えるものであろうと考えられている。

第三章　最初期の仏教の考え方

1　生のニヒリズム

輪廻的生存とは

本来、仏教徒は、釈尊にならい、目覚めた人（ブッダ）になることを目指す。目覚めた人になることとは、煩悩と苦しみの渦巻く輪廻の世界から解脱することであり、それによって得られた平安、寂静の境地を涅槃という。したがって、仏教は、少なくとも釈尊の教えはそうなのであるが、第一義的には、厭世を促す教えである。

いや、仏教は、第一義的には、現世をよりよく生き抜く智慧を与える教えであり、厭世とは程遠いと主張する仏教徒、仏教学者が今日たくさんいる。しかし、かれらの主張は、大乗仏教、密教、そしてまた、明治以来、キリスト教に対抗しつつ、あるいはそれに学びながら形成されてきた「近代日本仏教」から出たものであり、釈尊の教えに直結しているとはいいがたい。その理由は以下のとおりである。

試みに、近代文献学によって最古の経典の一つとされている『スッタ・ニパータ』(中村元訳『ブッダのことば――スッタニパータ』岩波文庫など、いくつか邦訳がある)を手にしてみよう。冒頭から、捨て去るべきもの、離れるべきものがずらりと列挙されている。怒り、貪り、愛欲、驕慢、憎悪、迷妄、愛執、愛着、妬み、嫉み、果てはおしゃべり、口論、子供、妻などなど、およそ人がこの世に生きているかぎり必ずついてまわることがらばかりである。一瞥しただけでもこうなのであるから、古来、「仏教には八万四《し》千の法門(教え)あり、八万四千の煩悩あるがゆえに」といわれているのも、あながち誇大な表現ではないと思えてくるほどである。

これらを要約すれば、みずからの輪廻的な生存への執著を捨てよということになろう。「みずからの輪廻的な生存」とは、つまるところ、みずからが今ここに生きてあるということにほかならない。したがって、最初期の仏教の目標は、厭世といえば厭世なのであるが、「厭世」ということばがもつ漠然とした意味を超え、まさに、みずからがこの世に生きつづけようとすることじたいの否定にほかならないというべきである。

すでに釈尊の時代から、仏教は、数えきれないほどある煩悩の根源を成すものとして、貪瞋癡《とんじんち》の三つを挙げる。中国ではこれに「三毒」という呼称が与えられたが、なかなかうまい呼称である。

貪《とん》（ラーガ）とは、望ましいものをおのがものにしようとすることで、快感にもとづく行為の起動力と見てよいであろう。一般には、欲求、欲望、願望などのことをいう。瞋《しん》（ドーサ、ドヴェーシャ／アラティ）とは、望ましくないものを排斥したり回避したりしようとすることで、不快感にもとづく行為の起動力に当たる。一般には、怒り、嫌悪などのことをいう。癡《ち》（モーハ）とは、迷妄、無知のことで、しばしば渇《かつ》愛《あい》（タンハー、トリシュナー）や無明《むみょう》（アヴィッジャー、アヴィッディヤー）と同義に扱われる。

無明については今は措くとして、渇愛というのは、「喉の渇き」を原義とし、どうにも抑えようのない、衝動的、根源的な欲望のことを指す。釈尊の在世中にまとめられたものかどうか議論の分かれるところであるが、初期の仏教の教えの中核を成すものとして、四聖諦《ししようたい》の説がある。詳しいことは後にして、そのうちの苦集《くじゆう》聖諦（集諦《じったい》）では、苦は渇愛によって生ずるとされ、苦滅《くめつ》聖諦（滅諦）では、渇愛を滅すれば苦も滅するとされる。

これをいいかえれば、渇愛というのは、まさに根源的な生存欲、ショーペンハウアー風にいえば「生への盲目的意志」に相当する。古来、仏教では、貪瞋癡の三者は同列に並ぶものではなく、貪と瞋とのさらに根源を成すものとして癡があるとされる。まず癡があり、そこから貪と瞋とが生ずるというのである。生存欲があるかぎり、こうであってほしい、こうしたい、こうであってほしくない、こうしたくないという、貪と瞋とに包括される煩悩、執著がなくなることはない。

窮極の目標

こうしてみると、仏教が最終の目標とするところは、そして釈尊その人が到達したところは、生存欲を断つことだということになる。これをわたくしは、「生のニヒリズム」と呼ぶことにしたい。生のニヒリズムに到達した者は、当然のことながら、この世に生きることになんの意味も見いだささず、したがってまた、なんの価値判断も下すことがない。

釈尊が、世間のものはすべて虚妄《こもう》であるとか、幻であるとかといっているのは、そこからする当然の帰結である。ただ、老婆心からいわせてもらえば、釈尊はここで、いわゆる「存在論的に世界は虚妄である」といっている（存在論的ニヒリズム）のではなく、意味論的、価値論的に虚妄だといっているのである。

つまり、真に実在するものなどなにもないといっているのではない。「真の実在」の有無の議論のたぐいは釈尊の拒否するところであろうが、あえていえば、釈尊は、世界が実在であるとかないとかを問題としているのではなく、世界（世間）にはなんの意味も見いだせないといっているのである。生存欲を断った者にとって、世界のいかなるものも意味を成さないというのが、釈尊が成道で到達したニヒリズムである。

こうしたニヒリスト釈尊には、まことに微妙な問題がつきまとう。生への意志がない、生存欲がないということは、とりもなおさず、生きようとは思わないことであるから、そのまま朽ち衰えてあとは死を待つばかりという心境になって不思議はない。そして、実際に、そのような心境をうかがわせることばが『スッタ・ニパータ』に見られる。

まず、苦行中の釈尊が悪魔ナムチに語ったことばがある。これにより、成道以前とはいえ、釈尊がなにを最終の目標にして修行していたかがわかる。それは次のとおりである。

「四三五　わたくしはこのように安住し、最大の苦痛を受けているのであるから、わが心は諸々の欲望をかえりみることがない。見よ、心身の清らかなことを。

四三六　汝の第一の軍隊は欲望（貪）であり、第二の軍隊は嫌悪（瞋）であり、第三の軍隊は飢渇（渇愛）であり、第四の軍隊は妄執といわれる。
四三七　汝の第五の軍隊はものうさ、睡眠であり、第六の軍隊は恐怖といわれる汝の第七の軍隊は疑惑であり、汝の第八の軍隊はみせかけと強情とである。
四三八　誤って得られた利得と名声と尊敬と名誉と、また自己をほめたたえて他人を軽蔑することとは——、
四三九　ナムチよ、これらは汝の軍勢である。黒き魔の攻撃軍である。勇者ならざる者はかれにうち勝つことができない。（勇者は）うち勝って楽しみを得る。
四四〇　このわたくしがムンジャ草を口にくわえるだろうか？（敵に降参してしまうだろうか？）この世における生はいとわしいかな。わたくしは、敗れて生きるよりは、戦って死ぬほうがましだ」　（中村元訳）

つぎは、出家遊行者（仏教の出家ではない）サビヤへの釈尊のことばである。

「五一四　師は答えた、『サビヤよ、みずから道を修して完全な安らぎに達し、疑いを超え、生存と衰滅とを捨て、（清らかな行いに）安立して、この世の再生を滅

ぼしつくした人、――かれが修行僧である。
五一五　あらゆることがらに関して平静であり、こころを落ち着け、全世界のうちで何ものをも害《そこな》うことなく、流れをわたり、濁りなく、情欲の昂まり増すことのない道の人、――かれは柔和な人である。
五一六　全世界のうちで内的にも外的にも諸々の感官を修養し、この世とかの世とを厭い離れ、死時の到来を願って修養している人、――かれは自己を制した人である。
五一七　あらゆる宇宙時期と輪廻と生ある者の生と死とを二つながら思惟弁別して、塵を離れ、汚点なく、清らかで、生を滅ぼしつくすに至った人、――かれを目ざめた人（仏）という。』」（中村元訳）

「修行僧」「柔和な人」「自己を制した人」「目ざめた人（仏）」と、四種の人が、境地のちがいをもって並べられているのかどうかが問題となるところかもしれないが、内容からすれば、同じ境地の人が四とおりに呼ばれていると見てさしつかえないであろう。

第五一六節の「死時の到来を願って修養している」というあたりは、生のニヒリズムの極致というべきであろう。また、第五一七節の「二つながらに思惟弁別して」というくだりは、目ざめた人（仏）の智慧が、後世、なにかしら神秘主義的な、特別の色合いをもって語られる無分別知とは、かなり趣がちがうことに注意されたい。

なおかつ生き永らえるとは

生きることに意味を見いださず、生きる意志のない者は、朽ち木が倒れるように、ほどなく命果ててしまうのが筋だといえる。これは、今見てきたことからそういえる、というだけではない。仏教とほぼ同じ時代、同じ地域に興隆し、過激な苦行主義や若干の世界観のちがいを除き、初期の仏教に酷似しているジャイナ教では、解脱した者は、断食してそのまま飢えて果てる（サッレーカナー）のが理想とされているという、確固たる裏付けもある。

とはいえ、しかし、釈尊は、成道後じつに四十五年ほどのあいだ生き永らえた。しかも、ただ消極的にではなく、説法をし、人びとを導くという、きわめて積極的な生きかたをした。

そのまま朽ち果てるのではなく、説法に生きるという決断を、釈尊は、ずいぶんためらった末に下した。この間の事情は、梵天勧請という神話的エピソードによって伝えられるのみであることは、すでに第二章で述べたので、ここで再び考察することはしないし、また第一、提示しうる新たな観点も論点も、残念ながらもちあわせていない。

さて、釈尊は、生のニヒリズムに到達したと述べた。この点はあらためて押さえておかなければならない。つまり、釈尊は、なんらかの事情があっていわば不可抗力的に生のニヒリズムに「陥った」のではなく、それを「意図的に目指し」つつ、さまざまな試みを重ねながらそこに到達したのである。したがって、釈尊に「生きる意欲がなくなった」といっても、それは絶望とはまったく異なるものであり、むしろ、そこにあるのは、泰然とした静謐といったものである。生存欲から生ずる、あるいは生存欲をかき立てるあらゆる煩悩が滅尽した境地、つまり寂静《じゃくじょう》な涅槃（ニッバーナ、ニルヴァーナ）である。

では、このような生のニヒリズムに到達した釈尊は、説法を決意してから、いかにして「生きた」のであろうか。生存欲を断ってしまった人間が、どうして生き永らえることができたのであろうか。ここで、「生存欲を断ずる」ということについて、もう少し立ち入った考察を行う必要があろうかと思われる。

生理学的にいえば、生存欲の中枢は、進化論的にもっとも起源の古い脳である視床下部であるという。この古い脳は、個体維持のための体温調節中枢と食欲中枢、そして種の維持のための性欲中枢との三群よりなる。ここが生理的にまったくの機能不全に陥ったり物理的に破壊されたりすれば、たちまち、死への道を一気にたどることになる。

ちなみに、わたくし自身の体験に即していえば、断食という苦行をうまく完遂すれば、食欲と性欲はみごとに消滅する。食欲中枢の機能低下は、隣接する性欲中枢の機能低下を誘引するようである。この状態において、幻覚剤メスカリンを服用したのと酷似した意識の拡大が起こる。身心の清澄なること、余人の想像を絶するものがある。釈尊が、かつて断食に耽溺した一因は、おそらくこれだと推察される。ただし、断食を止めて食を開始すれば、元の黙阿弥、心は汚濁する。恒久的に食欲と性欲とを抑え込むには、ただの行ではなく、徹底的に合理的な理念、つまり智慧をまたなければならないことは、ここからも容易に理解される。釈尊が最終的には苦行を捨て、智慧を得るための瞑想の道を選んだというのも、まことにもっともなことであった。

なお、断食で身心の清澄を得る体験をする人はまれである。たいがいは、飢えのために食欲がいやましになるというのが実状のようである。人によっては簡単なことが、他の人にとっては至難のわざとなる。至難と思う圧倒的多数の人が、「埒《らち》もないあこがれ」（わたくしは、このことを徹底的に強調したい）を抱き、その「至難」の境地を極端に理想化する。これが合理的な智慧抜きの苦行主義、禅定主義（大乗仏教、とりわけ密教に顕著）を生み出す、おそらく最大の原因である。

ところで、ジャイナ教の解脱者はさておき、釈尊、そしてかなりの仏弟子たちは、生存欲をそのような生理的なかたちで断じたわけではない。釈尊は苦行を捨てたということを忘れてはならない。ここで、「生存欲を断ずる」ということを、ジャイナ教的にではなく、釈尊、つまり仏教に即して見れば、それは文字どおりに食欲中枢、性欲中枢をまったくの機能不全に陥れようというのではなく、生存欲を持続的に抑制する、きわめて安定した心的状況を確立することだといいかえてもよい。

したがって、かれらは、体温調節機能は別として、性欲機能を完璧に抑制しつつも、生きるに足るだけの範囲において食欲を開放するという、いささか離れわざのようなことができたというべきである。ジャイナ教の解脱者は、この点について極端で、生のニヒリズムに到達した人は、少しばかりの食欲の開放すらも許さず、飢えて死ぬ道を一直線に突き進んだのである。

釈尊は、少しばかりの食欲を開放して生き永らえた。釈尊は、少欲知足を大いに称揚しつづけたが、その中心は食事にまつわるものである。少欲知足を文字どおり完遂するための十三（大乗仏教では十二）頭陀支《ずだし》という修行徳目のうち、食事関係のものは、じつに五支を数える。この五支は、常人にはかなり厳しいもので、それは、出家修行僧にとっても、程度の差はあれ、同じようなものであったと想像される。ただし、ここで強調しておかなければならないのは、成道後の釈尊にとって、そうしたことは「常態」であり、もはや目標とされるものではなかったということである。

真実と方便——価値と意味の創出

このように、釈尊が生き永らえるにあたってのフィジカルな問題は、少欲知足という名のもとにおける生存欲の完璧な抑制ということで理解が可能となる。しかし、では、生きることにまつわる自己および世界についての意味づけ、価値づけを行わなくなったニヒリスト釈尊は、どのようにしてこの世に身を処することができたのであろうか。それは、釈尊が、意図的に意味ないし価値を「創出」したからである。あるいは、釈尊は、創造神話をみずから演出し、みずからそこに出演したといってもよい。

ヒンドゥー教の最高神ヴィシュヌになぞらえていえば、釈尊は、本来みずからにとってまったく意味をもたない世界を、いわば幻術師（マーヤーヴィン）が幻（マーヤー）を繰り出すように、あたかも意味があるかのごとくに創出したといいかえてもよい。釈尊の思想から、ウィトゲンシュタイン流の徹底した独我論を読み取るのは行き過ぎだとしても、少なくとも、世界の価値づけというかぎりにおいて、釈尊がおおむね独我論の立場に立っていたと断言してさしつかえないであろう。

これを仏教用語でいえば、仏の巧みな手だて（善巧方便《ぜんぎょうほうべん》、あるいはたんに方便）というものに相当する。

なお、仏の方便とはこれすなわち仏の慈悲なりと、大乗仏教、そしてほとんどの仏教学者がよく口にする。たしかに初期仏教の時代から慈悲は説かれなかったわけではない。とはいえ、大乗仏教でいうほど重要視されていたなどということはまったくない。

かりに、大乗仏教やほとんどの仏教学者がいうところにしたがって、方便と慈悲とはイコールだとしてみれば、ただ今の文脈からして、次のようにいえるであろう。すなわち、慈悲は、釈尊その人にとってはなんの意味ももたない世界を、あたかも意味があるかのごとく創出する一種の幻術である。ただ、幻術を自在に操ることのできるのは、世界と自己とになんの意味も見いださない「生のニヒリスト」以外にはない。それは、生活のあらゆる面でクライアントとまったく利害関係をもっていないことが、心理療法家としては理想の状況だというのに似ている、と。

善悪とその彼岸

善因楽果、悪因苦果という因果応報の法則にもとづいて生類は輪廻しつつ生きているという考えのもとでは、生類のあらゆる境涯は、その生類がみずから積んだ善悪の所産である。したがって、生きるということは、善と悪（「そのどちらともいえない」という意味での「無記」というのもあるが）とをひたすら積みつづけることだといいかえることができる。

ところで、釈尊の教えのなかには、善をなせ、悪をやめよ、とするものがかなりある（釈尊自身、自分は善く生きるのが目標であったと、みずからの過去を述懐したと伝えられている）。

この教えを代表するものとして有名なのが、すでに第一章第3節でも取り上げた七仏通戒偈で、もっともポピュラーな漢訳では次のとおりである。

「諸悪莫作《しょあくまくさ》（諸の悪を作《な》すことなかれ、）
衆善奉行《しゅぜんぶぎょう》（衆《おお》くの善を奉行せよ、）
自浄其意《じじょうごい》（自ら其の意を浄めよ。）

是諸仏教《ぜしょぶつきょう》（是れ諸の仏の教えなり）」

よく見かける解釈によれば、善悪のけじめをきちんとつけることが仏の教えるところであるとなる。しかし、それでは仏教はただの道徳教か、ということになろう。善悪は、輪廻的存在として生きるということに密着したことがらであり、生存欲を断ずることを目標とする仏教には似つかわしくないように見える。

釈尊は、成道のとき、すなわち生存欲を断じ尽くしたとき、それまでの善悪の業を滅ぼした、そしてそれ以降、もはや善悪の業を積むことがなかったとされている。古いところでは、『スッタ・ニパータ』に次のようにある。

「二三五　古い（業）はすでに尽き、新しい（業）は生じない。その心は未来の生存に執著することなく、種子をほろぼしそれが生長することを欲しないそれらの賢者は、灯火のように滅びる。このすぐれた宝がつどいのうちに存する。この真理によって幸せであれ」（中村元訳）

さらにまた、善悪は釈尊にまったく関わりがないことが、同じく『スッタ・ニパータ』に次のように記されている。

まずは、先述のサビヤへ向けた釈尊のことば。

「五二〇　平安に帰して、善悪を捨て去り、塵を離れ、この世とかの世とを知り、生と死とを超越した人、――このような人がまさにその故に《道の人》と呼ばれる」（同訳）

次は、サビヤが釈尊に向けて語ったことば。

「五四七　麗しい白蓮華が泥水に染らないように、あなたは善悪の両者に汚されません。雄々しき人よ、両足をお伸しなさい。サビヤは師を礼拝します」（同訳）

このように、成道後の釈尊その人にとっては、善悪はまったく存在しない。つまり、なにを行おうとも、善悪をなしたことにはならないということである。これは、先にも述べたように、生存欲を断じた者にとって、世界および自己はなんの意味ももたないこと、したがってまたなんの価値ももたないことからして当然であろう。

ただ、釈尊は、窮極の目標に達していない人に向かっては、善をなし、悪をやめるように勧めたのである。というのも、悪をなしているかぎり、本格的な修行にとって必要な心の安定が得られないからである。

『スッタ・ニパータ』と並ぶ最古層の経典『ダンマ・パダ』には次のようにある。

「三一四　悪いことをするよりは、何もしないほうがよい。悪いことをすれば、後で悔いる。単に何かの行為をするよりは、善いことをするほうがよい。なしおわって、後で悔いがない」

（中村元訳『ブッダの真理のことば　感興のことば』岩波文庫）

心を澄まして落ち着かせること、これが「諸悪莫作、衆善奉行」の目的である。つまり、この道徳教的な徳目は、あくまでも本格的な修行のための地ならしの役割をもつものである。

第一章第3節でも触れたように、六師外道の一人プーラナ・カッサパは、なにをなしても善悪をなしたことにはならないと説いたという。これをたんに道徳否定論の一語でかたづけてはならない。なぜなら、プーラナ・カッサパは、善悪を無視した無頼漢ではなく、初期のジャイナ教の出家のように、裸の苦行者（禁欲主義者）だったと伝えられているからである。むしろかれのいっているところは、窮極の境地に達した釈尊のことばに通じているというべきであろう。

ただ、いきなり善悪の超越を初心者相手に唱えても、これは方便とはならず、へたをすれば、いまだ善悪を峻別して心を澄ませていくべき段階にある修行者に、いたずらな混乱をもたらす結果にもなりかねない。臆測の域を出ないが、釈尊がプーラナ・カッサパとちがったのは、方便として善悪の峻別を説いたということにあったのではないかと思われる。

発展という名の方便の肥大化

仏教の最終目標は「彼岸に渡ること」であるともいわれる。こちら岸（此岸《しがん》）は、生存欲から発する、生きることにまつわるあらゆる迷い、苦しみの渦巻く世界であり、あちら岸（彼岸《ひがん》）は、その生存欲を断じ、生のニヒリズムに到達した者の平安の境地、つまり寂静の涅槃である。涅槃の境地に入った者には、好き嫌いはいうにおよばず、善悪すらもない。

釈尊は、筏《いかだ》のたとえをよく用いた。自分の教えは彼岸に渡るための筏であり、すでに彼岸に渡りきってしまえば、それはもはや無用のものとして捨てられる、というのである。筏はたんなる手だて、方便にすぎない。釈尊は、世間をことさら粗略に扱ったわけではないが、さりとて、窮極的には世間のことには無関心であった。無関心のことを漢訳仏教語では「捨」という。一見目立たない用語のようであるが、捨こそは、仏教の窮極の目標、つまり生のニヒリズムを指し示す、最大の課題であった。

釈尊の教えは、ニヒリズム（陥るべきものではなく、目指すべきものとしての）へのいざないであった。このことをわれわれははっきりと見据えておく必要がある。たとえば、人間どう生きるべきか（どう死ぬべきか）は、生存欲から発する問題である。生存欲の射程内でこの問題の解決を釈尊に求めるというのは、じつは木によりて魚を求むというのに等しい。かりにこの問題の解決になりそうなものがあったとしても（あることはあるだろう）、それは釈尊の方便の一部のなかにしかない。その意味では、釈尊のいざないというのは、あまり一般の人がありがたがってあがめ奉るべきものではない。

「仏教の発展」というが、それはいわば方便の肥大化であった。ある学者によれば、時代と地域によって変容した仏教のすべては、釈尊の教えに発するという。しかし、これは、それが方便の肥大化の産物であったという点においてのみ正しい。もちろん方便も仏教のうちにはちがいないが、窮極のものではない。肥大化した方便が、窮極の目標をくらましつづけてきたというのは、まぎれもない事実である。大乗仏教は方便を一気にふくらませたし、密教にいたっては、なんと、方便を目的としてしまった。本格的密教の最初期の経典である『大日経』は、「方便を窮竟《くきよう》とす」と明言している。

方便から、仏教神秘主義や仏教の生の哲学なるものを抽出したとしても、そして、それはそう考えたい人の自由であるとはいえ、所詮は空しい誤解の徒花にすぎないであろう。

方便肥大化の要因

方便が時代とともに肥大化していった要因は多々考えられる。しかし、そのなかでも、次の二つが最大の要因であるといえる。

まず第一には、教義体系の整備という方向性が挙げられる。

釈尊その人は、教えを体系的に整備するということに、それほど熱心ではなかった。古くから、釈尊の教えかたは、対機説法、応病与薬というように特色づけられている。その場その場ごとに、相手を納得させることができさえすれば、教えの目的は達せられるというのが、釈尊の流儀であった。いきおい、釈尊の教えは、外見的には、雑多な断片の集まりであるかのようになる。

しかし、仏教徒たちは、釈尊の教えをまとめ、自他のよりたやすい理解に供しようと努力した。成立が新しい仏典になればなるほど、記述がより定型的、より解説的になる。まとめと追加の作業の産物である。このため、全体的に分量が増え、冗長で退屈という印象を与えるものとなる。

第二には、民衆化、大衆化路線というものが挙げられる。

仏教の教線を広げようとした場合、まずは在家信者の心をつかまなくてはならない。在家信者は、出家予備軍であるとともに、出家の教団を経済的に支えるパトロンでもあった。

そこで、たとえば、当時流布していた民間伝承、説話のたぐいを、片端から仏教の訓話物語へと替える作業が大々的に行われた。これを代表する作品として「ジャータカ」（前生物語）というものがある。これによれば、釈尊は、その無数の前生において、あるいは船乗りとして、あるいは鹿として、あるいは猿として、あるいは商人として功徳を積んできたからこそ、今生における「たった」六年間の修行によってブッダとなることができたのだとされる。

こうした民衆教化路線は、他方、ブッダとしての釈尊を超人的な存在へと引き上げる傾向に拍車をかけ、やがて、仏伝を多産する讃仏思想を生み出した。讃仏思想は、超人的な仏（やがて菩薩もこれに加わる）を崇拝、祈念することによって、その無限の慈悲のおかげで救われるという、かつて存在しなかった新しい救済思想を生み出す。なにしろ、祈れば救われるのであるから、きわめて簡単である。要するに、仏教は易行道《いぎょうどう》の宗教へと変身していったのである。

大乗仏教はその上に開花した民衆宗教である。この宗教では、智慧も安易に扱われ、きわめて呪術的なものへと変質していった。一心に仏や菩薩に帰依すれば、その見返りに「自動的に」智慧が授かる、あるいは、たんに生理的、心理的な現象にすぎない三昧（瞑想の極致）に至れば、「自動的に」智慧が全面的にそなわる、といった風である。こうしたことは、もちろん、最初期の仏教ではありえない話であったが、一挙に大衆の支持を得るためには、きわめて有効な方便であったことは確かである。

2　経験論、不可知論、中道

釈尊の基本的スタンス

説法の内容以前の問題として、釈尊の説法の基本的スタンスがなんであったかを考えてみなければならない。なぜなら、それは、釈尊が、生きるにあたいしない人生を、あたかも意味があるかのごとく生き永らえるにあたっての基本的スタンスでもあるからである。

結論を先取りしていえば、それは「生のニヒリズムに裏打ちされた経験論とプラグマティズム」であった。それをまた別の角度から見れば、どうでもよい世界をどうでもよくはないと考えている人びとを、安全かつ迅速に導いて、世界にはなんの意味もないと気づかせるための、つまり生のニヒリズムへのいざないのための巧みな方便でもあった。

経験論と不可知論

事実（おおげさには、真実といいかえてもよい）には、経験的な事実と先験的な事実とがある。先験的な事実とは、ここでは論理的な事実のことであるとしておこう。

一般に、経験論が主要な関心を向けるのは経験的な事実である。しかし、いかに先鋭的な経験論者であろうとも、論理的な事実にのっとらないかぎり、主張を展開することはいうにおよばず、およそ考えるということすらもできない。「この果実は食べられるものか食べられないものかどちらかである」という言明は、経験的な事実としてこの果物が実際に食べられるかどうかとは無関係に真である。こういうのを恒真という。「この果実は食べられるものであると同時に食べられないものである」というのは、これにたいして恒偽という。

結局、経験論からいえば、われわれの思考は、経験的な事実と論理的な事実にのっとってこそ、はじめて正しいものとなりうる。

経験的な事実を出発点としない議論は、いかに正しく論理を駆使し、いかにもっともらしい結論を得たところで、その正しさは保証されない、と経験論はいう。もちろん、これは、結論それ自体が、直接、経験的に知られているものでなければならないというのではない。地球が球であることを肉眼で目のあたりにしたのは、ガガーリン大佐が最初である。しかし、地球が球であることは、はるか昔から知られていた。要は、地球が球であるという説は、経験によって知られるさまざまな事実の観測を出発点にしていたからこそ、その正しさが保証されていたといえる。

ところがわれわれは、経験的な事実とはいえないようなことがらを出発点として、じつに多くの議論を行う。いわゆる形而上学的言説のかなりの部分はそうしたものである疑いが濃い。そこから、経験的な事実にもとづいていない議論にたいする懐疑的な見方が出てくる。それが徹底すれば懐疑論となり、それはまた、なんらかのかたちで不可知論を展開することになる。これを逆にいえば、経験論は、懐疑論、不可知論によって鍛えられる面をかならずもっているということでもある。これを、われわれは釈尊に見ることができる。

十難無記

釈尊は、ある種の質問（難）には答えなかったという。これを、後世の用語で「無記」あるいは「捨置答《しやちとう》」などという。『毒箭経《どくせんきょう》』という古い経典によれば、釈尊は、以下の十の質問に答えることがなかったという。

〔1a〕世界は時間的に有限であるか。
〔1b〕世界は時間的に無限であるか。
〔2a〕世界は空間的に有限であるか。
〔2b〕世界は空間的に無限であるか。
〔3a〕身体と霊魂とは同じであるか。
〔3b〕身体と霊魂とは別ものであるか。

〔4a〕如来は死後にも存続するか。
〔4b〕如来は死後には存続しないか。
〔4c〕如来は死後に存続しかつ存続しないか。
〔4d〕如来は死後に存続するでもなく存続しないでもないか。

さて、4は、「pである」「pでない」「pでありかつpでない」「pでもなければpでないのでもない」という四項目から成っている。こうした論法を「四句（論法）」という。これはほかでもない、六師外道の一人、サンジャヤ・ベーラッティプッタの「鰻論法」に酷似している。

かれは、「pであるとは考えない。pでないとも考えない。pでありかつpでないとも考えない。pでもなければpでないのでもないとも考えない」というふうな、答にならない答をしたと伝えられている。釈尊の場合には、答にならない答をしたのではなく、ともかく答えず沈黙したままであったといううちがいはあるが、不可知論者サンジャヤと釈尊とが、こうした問題にたいしてとるスタンスにちがいはない。

この点で、釈尊は不可知論者という側面をあらわにする。右の十の質問は、何か経験的な事実を出発点とした議論にもとづいて答を出すことの無理なものばかりである。経験論者たる釈尊が、このような問題について、不可知論の姿勢を鮮明に打ち出したのは当然のことであった。

ただし、不可知論者というのは釈尊の一面でしかない。釈尊は全面的な不可知論者ではなかった。経験的な事実にもとづいたことであるならば、むしろ積極的に議論し、教えを説いた。サンジャヤは、おそらく、経験的な事実にもとづくものであろうがなかろうが、たいていの問題を不可知としたものと思われる。サーリプッタ以下の二百五十人が、サンジャヤのもとを離れ、こぞって釈尊の弟子となったというのも、かれらが、不可知論一点ばりのサンジャヤに、かねてより不満を抱いていたためであろう。

以下、少しばかり、釈尊が事実を出発点としてさかんに弟子たちに説いた教えを垣間見ることにしよう。

無常ということ

仏教では、諸行無常《しょぎょうむじょう》ということが、基本的な教えとしてよく説かれる。無常なものを常住（永遠）のものであるかのごとく思い誤ることが、この世の苦しみの根源だとされるからである。しかし、釈尊が説いた無常ということは、世界の無常性、ものごとの瞬間的存在性（刹那滅《せつなめつ》）などという、後世の仏教が陥った形而上学的でえらく難解な教えではなく、経験的な事実に密着したことであった。

　それは、われわれ人間は、そういつまでも生きられるものではない、思わぬ短時日のうちに死は訪れるものだということにつきる。人間はせいぜい生きて百歳であり、それを過ぎて生きてもたいして長く生きられるわけではない、という内容の教えが繰り返し説かれている。この教えは、きわめて具体的で明瞭である。

　いつまでも生きつづけたいという願望が、いつしか、自分や自分の愛する人たちが、あたかも不死のものであるかのような思い込みを生む。自分や自分の愛する人たちに死が訪れたときに、驚き、悲しみ、苦しむのは、この当たり前の事実が事実としてきちんと認識されていないからである。あるいはまた、修行の道を歩む人は、生きている今を大切にして修行に専心しなければならない。いつまでも生きていられるような錯覚に陥っていては、修行は遅々として進まない。人生は無常だということが頭に入っていれば、おのずと熱心に修行に打ち込むことができるはずである。

　と、だいたい、以上のような、きわめて実践的な問題として、そして、しごく当たり前の問題として、釈尊は無常ということを強調した。人生の無常は、万人が認める動かしえない事実である。この事実に訴えたからこそ、釈尊の教えには説得力があったのである。

非我、無我ということ

人生の無常ということは、考えてみればしごく当たり前の事実なのであるが、われわれの生存欲は、この事実をくらます働きをする。なにか自分には常住なものがあるのではないかと、ふと考えたりするのはこのためである。さらに、釈尊の時代には、自己を自己たらしめているものとしてのアートマン（漢訳で「我《が》」）というものがあり、それは永遠不変、つまり常住だという思想が広く行われていた。

そこで釈尊は、自己を、身心を構成する五つの集合的要素（五蘊《ごうん》）に分け、それぞれに考察を加えた。これを五蘊非我説という。ちなみに、五蘊とは、身体を構成する物質という集まり（色蘊《しきうん》）、感官による対象の受容という集まり（受蘊）、識別作用という集まり（想蘊）、対象に名を当てるために必要な記憶という集まり（行蘊《ぎょううん》）、そして「これは～である（でない）」とする判断作用の集まり（識蘊）、以上の五つである。

つまり、永遠不変のアートマンが五蘊のいずれかであれば、われわれは永遠に生きる。しかし、もしそうであれば、人生の無常ということもなく、またそれに由来する悲しみも苦しみもないはずである。しかるに悲しみや苦しみは絶えずついてまわる。これは、万人が認める厳然たる事実である。したがって、五蘊のいずれもアートマンなどではない、というのである。この議論は、やや形而上学的に聞こえるかもしれないが、やはり、経験的な事実を出発点とした議論である。釈尊は、ここでも経験論から踏みはずすことはない。

「これもアートマンではない、あれもアートマンではない」という表現は、じつは、ウパニシャッドの哲人ヤージュニャヴァルキヤの教えに酷似している。かれによれば、真実のアートマンを言語的、概念的に把捉することはできず、せいぜい、「～ではない、～ではない」（ネーティ、ネーティ〈あらず、あらず〉）と、否定辞を連ねるしかないというのである。もちろん、かれは、釈尊とちがって、言語的、概念的には把捉されない真実のアートマンの探求に大いに情熱を燃やしたのであるが。

「仏教は無我にて候」と昔からいわれている。しかし、最初期の仏教では、無我説ではなく、非我説が説かれていたと見るべきである。無我説は、そもそもアートマンなるものは存在しないという、高度に形而上学的な議論を骨子とするものであり、釈尊には似つかわしくない。

ちなみに、のちに無我説を唱えた仏教は、輪廻の主体としてのアートマンがないのなら、輪廻や因果応報をどう説明すればよいのかという問題の解決に苦心することになる。とてもではないが無理なことを説明するために、多大の学問的労力が払われた。皮肉ないいかたかもしれないが、これゆえにこそ、仏教は、千年以上の長きにわたって、インド思想界をつねにリードしつづけることができたのである。

不可知論とプラグマティズム

先の『毒箭経』に話を戻そう。それによれば、哲学議論好きの青年修行者マールンキヤプッタは、釈尊が、例のたぐいの質問にいっさい答えないことに不満を抱き、釈尊にその理由を問うた。そこで釈尊は、毒矢に射られた人の話を譬喩《ひゆ》として語った。

毒矢に射られた人が、それを抜こうとする人を制して、だれがこの矢を射たか、その者はどこの出身か、あるいはまた、その矢はなにでできているか、矢羽はなにでできているか、弓はなにからできているか、などなど、これらを自分が知るまでは、けっして矢を抜いてくれるなといったとする。これをどう思うか。まず必要なのは毒矢をいちはやく抜くことである。それと同じように、迷妄、煩悩に身心をさいなまれている人は、ろくな結論もでない議論に心を奪われている暇があるならば、さっさと迷妄、煩悩を一掃するように修行に専心すべきである。

以上がその概要である。一般には、この経典は、理屈、理論よりも実践修行が大切であることを説いたものだといわれる。しかし、この解釈は、いささか危険な面をもっている。それは、理論を極端に軽視する傾向（大乗仏教において顕著となる）を生み出すということである。釈尊は理論を軽視しなかった。むしろ、理論、理屈をよく理解し、頭に留めておかなければ、正しい修行は不可能だとした。釈尊が不可としたのは、経験的な事実にもとづかない議論、理論のための理論、理屈のための理屈にかかずらうことであった。

釈尊は、当時の修行者たちがたたかわせていた「学問的」議論がいかに空しいものであるかを、『スッタ・ニパータ』において痛烈に批判している。

「八七八　（世の学者たちは）めいめいの見解に住みついて、互いに異なった執見《しゅうけん》をいだき、（みずから真理への）熟達者であると称して、種々に論ずる。――『このように知る人は真理を知っている。これを非難する人はまだ完き人（如来《にょらい》）ではない』と。

八七九　かれらはこのように異なった執見をいだいて論争し、『他の人は愚者であって、真理に達した人ではない』と言う。これらの人々はみな自分こそ真理に達した人であると思って語っているが、これらのうちで、どの説が真実なのであろうか？」
（中村元訳）

釈尊は、理論体系を完成しようとは考えなかった人である。ゲーデルの不完全性定理をまつまでもなく、かれは、完全な理論体系の構築など不可能だということを直観的に知り尽くしていた。実践修行が必要とされている場合、理論体系を整備することに汲々とすることは無益なことでしかなかった。そもそも教え（理論的な）は、ニヒリスト釈尊自身にとっては意味のないものであった。ましてや、水掛け論的な議論など、空しさの極致でしかなかった。

経験論にニヒリズムが合体すれば、ここにプラグマティズムが誕生する。所詮は、すみやかに窮極の境地に弟子たちを導くために実効性のあるものが正しく、そうでないものは邪道だという判断が、ここから明快に引き出される。

世界にたいして、かならずしもなげやりというのではないとはいえ、根本的にはどうでもよいという態度をとっていた、ニヒリストにしてプラグマティストたる釈尊は、原則固執主義を厳しく戒めた。場合によっては、かれの態度は、ずぶずぶの妥協主義、無原則主義であるかに見えることがある。これがはっきりと見てとれるのは、戒律にたいするかれのスタンスにおいてである。これについてはあとで触れる。

中　道

釈尊が、成道にいたる過程で体得し、そしてまた弟子たちにも要求したある種基本的なバランス感覚を中道という。この中道という考え方は、のちにきわめて思弁的なものへと変化していくが、釈尊の中道は、ほぼ苦楽中道ということに尽きる。これは、苦行主義からも、快楽追求の世俗的生活からも離れよということである。

釈尊が出家となったというのは、快楽から離れたということである。釈尊は、それからの六年間のほとんどすべてを徹底した苦行の追求に費やした。しかし、苦行が空しいものであることを痛感し、釈尊はついにこれを捨てて瞑想と思索にふけるという、修行ともいえないような静かな修行に入り、間もなく成道を得た（なにゆえ苦行が空しいものであると釈尊が判断したかについては、すでに第二章の第4節で考察した）。

人は、世俗の享楽的生活を捨てるのに困難をおぼえる。享楽的生活についているほうが楽であるし、また常識にかなったことでもあり、そこから脱却する勇気をもつことはなかなかできない。放っておけば、いつまでも享楽的生活に固執したままである。これでは、生のニヒリズムに行きつくのは無理である。しかし、人はえてして、いったん享楽的生活を離れると、そのまったく対極にある苦行主義に走りやすい。苦行に専念していれば、享楽的生活を否定し尽くしたという実感が得られるので、いつまでもそこに固執しがちとなる。しかし、苦行は生存欲を根絶する、ないし最終的に抑え込むための智慧をもたらさない。つまり、苦行主義によって生のニヒリズムに到達することはできない。ゆえに、生のニヒリズムに至ろうとする者は、この両極端を捨てなければならない。というように、中道というのは、まさに釈尊みずからの前半生の軌跡に根ざした考え方であった。

釈尊自身がまとめたものかどうか問題は残るが、古来、苦楽中道の具体的な実践方法は、八聖道《はっしょうどう》（八正道）としてまとめられている。

正見《しょうけん》　正しいものの見方（智慧）
正思《しょうし》　正しい思考の運び方（善悪の弁別、論理）
正語《しょうご》　正しいことば（うそをついたり粗暴なことばづかいをしない）
正業《しょうごう》　正しい行い（殺生などを行わない）
正命《しょうみょう》　正しい生活規律

正精進《しょうしょうじん》　正しい努力
正念《しょうねん》　正しい記憶
正定《しょうじょう》　正しい精神統一

「修行」というと、なにか厳しく苦しいものという印象をわれわれは受けるが、このように、八聖道の実践というのは、そうした感じでの修行からは遠くかけ離れたものであり、修行というのがはばかられるほどである。

釈尊は、成道後、説法を始めてから死に至るまで、苦楽中道的な生き方を貫いた。すでに釈尊は窮極の目標を達成していたのであるから、この生き方が修行であったとはいえない。釈尊は生涯にわたって修行生活を送った、覚り（証《しょう》）は修行（修《しゅ》）のなかにのみ現れるからであると、わが国の道元禅師は解釈しているが、これはかれ独自の美しい誤解である。

ニヒリスト釈尊は、どのような生き方をしようと自由という立場を確保していた。しかし、実際問題として、弟子を導く以上は、その手本を示す必要がある。これが、ニヒリスト釈尊が、一見修行のような生活を送ったことのひとつの理由である。

また、生き方についてはフリー・ハンドであったとはいえ、まさに生のニヒリストであるがゆえに、世俗生活をも苦行主義的な生活をも「おのずから」避けた、結局、中道的な生活が、釈尊にとって最も自然であった、と、これがもうひとつの理由である。中道的生活形態をとるなかで、釈尊は、意味も価値ももたない世界を、あたかも意味や価値があるかのごとくに創出しつつ生きたのである。

ようするに、中道は、釈尊にとって、生のニヒリズムに至る道であったし、また、すでに意味を失った世界に方便として意味をもたせつつ説法の生活を送るための、最も自然な道でもあったのである。

3　因果論

不可知論と因果論

経験論と因果論とは、あまり相性がよくない。というのは、経験的な事実の観測の積み重ねから、ある事実とある事実とが因果関係にあると断定するには、大きな飛躍を必要とするからである。

現に、イギリス経験論の流れをあまりにまっとうに受け継いだヒュームは、因果論について、徹底的な懐疑主義に陥った。かれによれば、因果関係というものは、経験的な事実からはけっして導き出されない、たんなる信念の所産にすぎない、それは経験論的には不可知であるという。

六師外道のひとり、不可知論者サンジャヤは、議論の的となるいかなる問題についても、それは答えられないと答えたようである。したがって、因果関係に連なる問題についても不可知論を貫いたと見ることはたやすい。釈尊も、形而上学的な問題については不可知論の立場をとり、沈黙するのみであった。しかし、釈尊は、因果関係を熱心に説いた。ただし、その因果関係というのは、科学的、あるいは認識論的なものではなく、実践上要請される因果関係であった。釈尊が因果を説くという話を聞いて、サーリプッタをはじめ二百五十人がサンジャヤのもとを離れ、釈尊の弟子となったというのは有名なエピソードである。

仏教の因果論で、とくに重要なのは、四聖諦《ししようたい》説と縁起説とである。縁起とは、これに縁《よ》ってかれが起き、これの滅によってかれも滅する、ということである。いくつ関係項（支）を立てるかはさまざまであるが、十二項を立てる十二支縁起（十二因縁）説が、縁起説のもっとも完成した形態である。四聖諦説も、十二支縁起説も、ともに、釈尊がその実質を断片的に説いていたものを、後世になってからまとめたものだと考えられている。

このことを前提に置きつつ、ここでは四聖諦説についてのみ垣間見ることにし、縁起説についてはとくに触れないことにする。縁起説は四聖諦説の一部と見ることが可能であること、四聖諦説のほうが、修行実践にはるかに密着していること、縁起説は、釈尊よりも、むしろサーリプッタによって大きく育まれたものらしいことが最近の研究で明らかになりつつあること、縁起説は非常に形而上学的なものに転じていったこと、これらが、ここで縁起説にとくに触れない理由である。

四聖諦説

四聖諦とは、四つの真実（嘘いつわりでないこと）という意味で、「〜は嘘いつわりではないとわたくしは見る」ということを繰り返す四聖諦観という瞑想法と密接に関連している。その四つとは以下のとおりである。

苦聖諦　この世が苦に満ち満ちているのは、嘘いつわりではないということ。

苦集聖諦　苦しみは原因があって起こるのであり、その原因とは渇愛（生存欲）にほかならないというのは、嘘いつわりではないということ。

苦滅聖諦　苦しみの原因である渇愛を滅ぼせば苦も滅びるというのは、嘘いつわりではないということ。右とこの二聖諦は、実質的に縁起説というかたちをとっている。

苦滅道聖諦　苦しみの原因である渇愛を滅ぼす道があるというのは、嘘いつわりではないということ。この道とは、先述の八聖道（八正道）のことであり、かつ中道の具体的な内容であるとされる。

たちどころに見てとれるように、すでに読者諸氏にはお馴染みになっていることがらのほとんどが、この四聖諦に集約的に盛り込まれている。苦しみは生存欲から起きること、生存欲を滅ぼして生のニヒリズムに到達すれば、苦しみがなくなること、生のニヒリズムに到達する道は中道であり、それは八聖道であること、これらは、これまでに筆者が執拗に追いつづけてきたテーマである。すなわち、この四聖諦は、最初期の仏教の真髄に密着した、じつに内容の濃い因果論であると見ることができる。

初期仏教とそれにつづく部派仏教において、四聖諦説という因果論は、生のニヒリズムに到達するために欠かすことのできない智慧を直接もたらしてくれるものとして、最重要視された。すべての観法は、直接あるいは間接に、この四聖諦の理解を不動のものとするために修せられるものだったといって過言ではない。もちろん、南方仏教（上座部仏教）の出家たちは、今もなお、四聖諦の体得を目指して昼夜修行に励んでいる。

しかし、ヴィシュヌ（あるいはシヴァ）を絶対的救済神として奉ずるヒンドゥー教に刺激を受け、西暦紀元前後に新しく興った大乗仏教は、民衆化の名のもとに、超越的な仏、菩薩の無辺の慈悲による救済というテーマを前面に打ち出した。神秘主義的な安易な呪術が横行した。智慧をよく身につけるためには心がふらついたり濁ったりしていてはいけないということで行われていた禅定という名の瞑想も、きわめて神秘主義的となり、禅定の極致、心作用が停止する三昧《さんまい》体験を、至上の体験とするようになった。つまり、三昧体験をもって窮極の目標たる解脱であるとした。

密教に至ってこの傾向はクライマックスに達する。手段が目的とされ、智慧が三昧体験や呪術で簡単に「自動的に」得られるとされるなかで、智慧をもたらす四聖諦説は、一挙に軽視ないし無視されることとなった。

また、覚《さと》りとは、三昧状態のなかで、宇宙の真理（理法）と一体となる体験だというたぐいの解釈が、今日、一部の仏教学者たちだけでなく、かなり一般にも浸透している。しかし、これは、瞑想と智慧との区別がまったくできていない、根本的な誤解に貫かれた神秘主義的解釈だといわざるをえない。

わが国の仏教はさまざまな宗派に分かれているが、みな大乗仏教と密教の流れを汲んだものである。そして、いうまでもないことであるが、どの宗派の中心教義のなかにも、四聖諦説など、微塵もといってよいほど姿を現さない。

少々荒っぽいいいかたをさせてもらえば、四聖諦説抜きに智慧は生まれないのであり、わが国で、智慧の生まれないところにわずかに生き残ったのが祈禱仏教（生を謳歌する仏教）と葬式仏教だけというのも、当然といえば当然の成り行きだったのである。アジアに仏教と名のつく宗教数あるなかで、日本仏教ほど生のニヒリズムに縁遠かった仏教はないのではなかろうか。

4　瞑想、戒律

苦行と瞑想

苦行と瞑想（禅定、ヨーガ）とは、たんなる見かけだけからすると、なにか同じようなものだとの印象を与える。しかし、苦行と瞑想とは、著しくその由来と目的を異にした行法である。

もともとインドにおける苦行は、ヴェーダの宗教を司るバラモンたちの間で伝えられてきたものである。バラモンたちのなかでも宗教的に特別のエリートとされる聖仙たちは、もともと、ソーマと呼ばれる幻覚剤を服用し、ハイな状態でヴェーダ聖典を感得したり、神々と同じ境地に達し、祭祀の効果をより高からしめる役割を演じていたようである。

ソーマは、不老不死の神々の霊薬アムリタ（甘露と漢訳され、ギリシア語のアンブロシアーと語源を同じくし、ラテン語のネクタルに相当）と同一視されることもあった。ソーマは、かつて「神酒」と訳されることもあったが、ソーマが酒（醸造酒であれ蒸留酒であれ）でないことは、『リグ・ヴェーダ』に散見されるソーマの製法からして明らかで、今日では、水とミルクで滲出させて服用する幻覚剤だというのが、ほぼ定説になっている。ただ、その原材料がなにかということについて、いまだ十分な定説は得られていないが、ワッソンの研究によって、ベニテングタケ（次ページの写真参照）であるとする説が有力である。

ベニテングタケは、北欧から中央アジア、シベリアの寒冷地を経て、日本の中部山岳地帯に及ぶ、帯状をなす広い地域に分布している。アーリヤ人たちは、かつて中央アジアに居住していたので、ソーマの材料となるベニテングタケを容易に手に入れることができた。そのころの祭祀は、おそらく、きわめて簡単なものであったと推測さ

ベニテングタケ　真紅の傘の表面に白いイボのある大型の毒キノコ(ハラタケ目テングタケ科)。アメリカの民俗学者R. G. ワッソンは、著書のなかで、ソーマはベニテングタケであると発表し、注目を浴びた〔小学館『日本大百科全書21』より〕

れている。

ところが、ベニテングタケの生えないインドに入ってから、アーリヤ人たちは、代替物を求めた。しかし、代替物ではハイになれない。そこで、祭祀が複雑化し、聖仙たちは、苦行に専念することとなった。断食によって、幻覚剤メスカリンを服用したのとほぼ同じ効果が得られるというわたくし自身の体験については、第1節で触れた。

苦行の目的は、最初、ハイな状態になることであったが、やがて、ハイな状態の解釈のし直しから、霊的、超人的なパワー(神通《じんづう》、験力《げんりき》)を得ることへと変化していった。苦行の原語タパスは、肉体を苦しめる行と、その行によって蓄積された験力と、このふたつを同時に意味する。苦行者は、こうして蓄積された験力で神々の存在を危うくし、危機意識を抱いた神々といわば物々交換の取引をし、所期の願望を達成しようとした。

そして時が経ち、輪廻思想が流行し、出家が多数出現するにいたって、多くの出家たちは、世俗の享楽的生活を否定する実感を得つつ、輪廻の原動力である善悪の業のそのまた発動源である貪欲をねじ伏せようと、新たに意味づけられた苦行に専心した。釈尊もかつては過激な苦行者であった。

一方、後世のヨーガに連なる瞑想（禅定《ぜんじょう》）という修行法は、アーリヤ人が侵入してくる以前からインドに展開していた先住民族のものであったことが、今日ではほとんど定説となっている。これは、さまざまな雑念を、苦行のように力ずくで抑え込むというのではなく、雑念という心作用そのものを、静かな精神集中によって鎮静化しようとする行法である。

先にも触れたように、苦行と瞑想とが、解脱を得るための行法としてどちらが適しているのかが問題となるが、釈尊の時代には、苦行のほうが優勢であった。釈尊は最終的には苦行を捨てて禅定をとり、そして成道を得た。以来、禅定は数百年のあいだ、ほとんどもっぱら仏教で工夫、改良され、やがてヨーガの体系として開花することとなる。それ以降は、ジャイナ教徒の場合をのぞき、インドにおける行法としては、瞑想が苦行を圧倒するようになった。

智慧と瞑想

繰り返しになるが、釈尊が苦行を捨てたのは、それが、苦しみに堪える心を養うのには適していたが、苦しみそのものを発現せしめる心的機構を解体するものではなかった、したがって、苦行によって苦しみを最終的になくすことは不可能だということを痛感したためである。

苦しみを発現せしめる心的機構を解体するものは、あくまでも智慧である。智慧とは、洞察力という形態をとり、生のニヒリズムをもたらすと同時に生のニヒリズムから発するともいえる、きわめて合理的な思考のことである。ことばをかえていえば、当たり前の事実をまともに当たり前の事実として受容する態度のことである。こうした智慧は、心が濁り、ふらついているかぎり、けっして不動のものとはならない。釈尊は、禅定を、智慧を得るための条件として位置づけた。すなわち、心を澄まし、ふらつきのない安定した状態にするための有効な手段と見なしたのである。

おそらく釈尊以来のことと見て差し支えないが、仏教の学習体系は、戒定慧《かいじょうえ》の三学とされてきた。今までの考察からも明白なように、瞑想（禅定、定）は、智慧（慧）を完成するための前段階として重視されたが、それは、やはりあくまでも前段階のものでしかなかった。禅定の完成をもって智慧の完成というわけにはいかないのである。ところが、大乗仏教は、その神秘主義的な性格のゆえに、禅定の極致である三昧体験を得れば、自動的に智慧が得られると見なす風潮を一挙に助長した。三昧という一種非日常的な神秘体験は、心理的、生理的な現象にすぎず、智慧とは原理的に無関係であるにもかかわらず、救済主義的民衆宗教をもって自任する大乗仏教は、安直な（易行道的な）神秘主義によって、智慧を実質的に空洞化してしまった。つまり、手段にしかすぎないものを、仏教の窮極の目標にすりかえてしまったのである。大乗仏教の「功罪」の「罪」の中心はここにある。

瞑想のさまざま

瞑想、すなわち精神統一は、さまざまなことがらを対象として行われた。そして、やがて、初歩的な瞑想から高度な瞑想まで、瞑想の階梯が整備され、やがて、三十七道品《どうほん》というかたちに固定化された。ここでは、初歩的な瞑想として位置づけられる「四念処《しねんじょ》」（四念住）を簡単に紹介する。「念」というのは、精神統一によって、しかるべきことがらをしっかりと記憶することを意味する。記憶にしっかりと留めることが瞑想、精神統一の目的である。さて、四念処とは以下の四つである。

一、身念処。いわゆる不浄観のことである。自他の身体について、それが不浄であると見ることによって、身体への執著を断じようというのである。まず、生身《なまみ》の身体については、たとえば、身体というものには汚らしいものがいっぱい詰まっていて、そのために、耳垢、目やに、鼻汁、よだれ、汗、小便、大便、膿などを絶えず垂れ流すのだという観念を不動のものにする。また、死体については、それが腐敗して最後はばらばらの骨だけになるさまを繰り返し観察し、身体というものがいかに汚らわしく空しいものであるかを心にしっかりと刻みつける。生のニヒリズムに至る、もっとも分かりやすく、かつもっとも基本的な瞑想である。

二、受念処。感受作用は苦であると見ること。われわれは、この感受作用によって外界の対象とかかわりをもち、ここから、好悪、愛憎といった執著が生じ、迷いが生じ、苦しみが生ずる。苦をもたらすものはやはり苦である以上、その感受作用の主役を演ずる感官を制御しなければならないということを、しっかり心に刻みつけようというわけである。

三、心念処。心が自己を自己たらしめている常住不変の原理だという誤認を改め、いかに心が無常でうつろいやすいものであるか、心を頼りにすること自体がいかに煩悩、苦しみでしかないかを、心にしっかりと刻みつけること。頼りにならないものを頼りにしてはいけないのである。

四、法念処。すべてのものごとは、常住不変の原理に裏打ちされたものなどではない、無常なものなのだということを、心にしっかりと刻みつけること。

以上を要するに、四念処とは、身心を中心として、一切が非我（無我）であり、無常であり、苦であるという、生のニヒリズムにまつわる仏教の最も根本的な見方を確立するための瞑想法なのである。

四無量心――修行者の心構え

出家は、さまざまな修行に専心しながらも、それなりの心構えが身についていなければならないとされた。その一つが、四無量心として、古くから伝えられている。ここには慈悲の必要性という問題が見られる。もちろん、慈悲は、後世、とくに大乗仏教になって肥大化してしまったしろものであるので、初期仏教の慈悲を過大評価する態度は戒めなければならない。ともあれ、四無量心とは以下の通りである。

一、慈無量心。教えを説く相手、そして一般的には生きとし生けるものをいつくしむ無量の心をもたなければならない。

二、悲無量心。同じく、深く同情する無量の心をもたなければならない。
三、喜無量心。他者の喜びをみずからの喜びとする無量の心をもたなければならない。
四、捨無量心。自他にたいして根本的には無関心の態度を取る無量の心をもたなければならない。

慈、悲、喜というのは、そのまま放置しておけば、えらく心情的にべたべたしたものので、仏教では忌避される執著心と区別のつかないものとなる。そこで必要となるのが捨である。少なくとも初期仏教においては、修行の目的は生のニヒリズムであるから、修行段階にあっても、生のニヒリズムを醸成させていかなければならない。もちろん、修行を完成したブッダ、つまり釈尊にとっては、捨は完全なものであり、慈も悲も喜も、すべて意味のない世界をあたかも意味があるかのごとく生きるための幻術、いわゆる方便にほかならない。

ここから容易に推察できるのは、四無量心の根本は捨無量心だということである。生のニヒリズムである捨無量心に裏打ちされているからこそ、他の三つの無量心を、修行者の心構えとして位置づけうるのである。捨無量心が欠落していれば、慈、悲、喜の無量心は、かえって修行者を仏教から遠ざける、いまわしい心理的要因でしかない。くどいようだが、捨というのは、よくいわれるような「平静を保つこと」「とらわれないこと」などという軽いものではなく、生のニヒリズムをたっぷりと盛り込んだものなのである。

矯正としての戒律

出家が守るべき決まりを戒律という。原語はヴィナヤといい、曲げ導くこと、つまり矯正を意味する。放っておけば、出家として好ましくない方向に流れ、その結果、心が乱れる。これを阻止するのが戒律の目的である。

瞑想（禅定）は、心の微細な乱れを鎮静化し、智慧の体得を助けるためのものである。その瞑想を首尾よく遂行するには、戒律という、いわば外的な規制によって心の大きな乱れを少なくしておく必要がある。これが、戒定慧の三学の基本理念である。戒定慧は、もちろん同時に修めていくものではあるが、戒律によって禅定が助けられ、禅定の遂行によって智慧の体得が助けられるという構造になっているのである。

釈尊が説法を始めたころには、まだサンガの構成員も少なく、おおよそ出家の常識といったあたりでことが済み、取り立てて戒律を必要とすることはなかったようである。しかし、サンガの構成員が多くなると、いろいろと芳しくないできごとが生ずるようになる。たとえば、乞食のさいにぺちゃくちゃお喋りに興じて在家の顰蹙を買うといったことから始まり、比丘による比丘尼強姦事件まで発生したりといったことがあった。当然、これらについては、必要な禁止、防止措置がとられた。また、戒律を確認、点検し合う布薩《ふさつ》という集会を定期的に開くとか、雨季には、遠出をすれば蟻などの小動物を殺す可能性が高くなるので、安居《あんご》という定住生活をするとかの決まりは、バラモンたちの慣習や他の出家教団の決まりのなかで、これはよしとして仏教側が採用したものである。

伝えるところによれば、戒律の条項は、なにか問題が生ずるたびに、主として釈尊が提案し、合議によって決定されたものである。これを随犯随制《ずいぼんずいせい》という。戒律を集成した文献（のちに律蔵のなかに収められた）には、いちいちの条項が定められるに至った由来（縁起）が詳細に記されており、最初期の仏教教団の実際のようすをうかがう格好の資料となっている。

ともあれ、戒律の条項は、このようにして定められていった。この点は、おそらくアージーヴィカ教団が戒律でがちがちに修行者を抑えようとしたのとは大きく異なる。仏教の戒律は、およそ考えられる事態をあらかじめ網羅的に想定し、はじめからがちがちに定められていたのではなく、ケース・バイ・ケース、もしくは、いいかたは悪いが、行きあたりばったりに定められていったのである。ここから、釈尊は、戒律について、原則遵守主義をではなく、プラグマティズムを貫いたということがわかる。うまくいっているあいだはそのままでよし、何か具体的な不都合が生ずれば、そのとき最善の対策を講ずればよろしいというのが、釈尊の、戒律についての基本的スタンスであった。

繰り返すが、釈尊はリゴリスト（厳格主義者）ではまったくなく、あくまでもプラグマティストだったのである。つまり、リゴリストのように戒律戒律と叫ぶほど、釈尊は戒律に関心があったわけではない。いうまでもなくこれは、釈尊が生のニヒリストであったことに由来する。戒律は、弟子たちに必要だから設けたのであって、釈尊自身についていえば、まったくのところ、どうでもよいことだった。釈尊が、リゴリストたちから、ずぶずぶの現実妥協主義者ではないかと疑われたのも無理のないところであった。

十三頭陀支

このように、戒律は、釈尊の「現実妥協主義」的なスタンスによって定められていった。しかし一方、釈尊は、出家生活の原点ともいうべき特別の決まりにしたがって修行する道を勧めるということもした。この出家生活の原点というのは、おそらく釈尊みずからが、かつて修行時代にしたがっていたものであったと考えてよいであろう。それは、さまざまな変化を経て、かなりのちには、十三項目にまとめられた。参考までに以下に紹介する。

一、糞掃衣《ふんぞうえ》支。捨てられたぼろ布をつづり合わせた衣だけを着用する。すでに釈尊在世のときから、出家たちは寄進された新品の衣を着用していたが、これを拒否するのである。

二、三衣《さんね》支。大衣、上衣、中着衣《ちゅうちゃくえ》だけを着用する。

三、常乞食《じょうこつじき》支。食は乞食のみによって得る。接待の食事はとらない。

四、次第乞食《しだいこつじき》支。家々を順に回って乞食する。順序を飛ばし、好みの食を出してくれそうな家を狙って乞食してはならない。

五、一坐食《いちざじき》支。坐をいったん立ったらもう食事はしない。

六、一鉢食《いっぱつじき》支。おかわりなし。

七、時後不食《じごふじき》支。午前中一回の食事時間のあと食事をしない。

八、阿蘭若住《あらんにやじゅう》支。人里離れたところを生活の場とする。

九、樹下住《じゅげじゅう》支。大樹の下を生活の場とする。

十、露《ろ》地住《じじゅう》支。床の上、屋根の下でないところを生活の場とする。

十一、塚　間住《ちょうけんじゅう》支。墓地（死体捨て場）を生活の場とする。

十二、随処住《ずいしょじゅう》支。どんなものであれ、たまたま手に入れた坐具や場で満足する。

十三、常坐不《じょうざふ》臥《が》支。いつも坐ったままでおり、けっして横にならない。

さらに知りたい人のために

本書は、仏教が誕生したその時点での生なましい思想、発想の核心に迫ることを目指したもので、概説的という意味での入門書ではない。しかし、読者諸氏のなかには、さらに知識量を増やし、みずからの頭で、本書でテーマとなっていることがらを考え抜きたいと思いつつ いた方もたくさんおられるであろう。そこで、これから、そういう人のために参考となると思われ、かつ一般読者にもこなせる著作を、少しばかりコメントをつけながら紹介していきたい。そこからなおも知りたいという人にとっては、それぞれの著作で言及されている参考文献がよい手がかりとなるであろう。

初期の仏教の全体をできるかぎり網羅的に知りたいということになれば、なによりも役に立つのは以下の著作である。

中村元『ゴータマ・ブッダI　原始仏教I』中村元選集〔決定版〕第一一巻、春秋社
同『ゴータマ・ブッダII　原始仏教II』中村元選集〔決定版〕第一二巻、春秋社
同『仏弟子の生涯　原始仏教III』中村元選集〔決定版〕第一三巻、春秋社

同『原始仏教の成立　原始仏教Ⅳ』中村元選集〔決定版〕第一四巻、春秋社
同『原始仏教の思想Ⅰ　原始仏教Ⅴ』中村元選集〔決定版〕第一五巻、春秋社
同『原始仏教の思想Ⅱ　原始仏教Ⅵ』中村元選集〔決定版〕第一六巻、春秋社
同『原始仏教の生活倫理　原始仏教Ⅶ』中村元選集〔決定版〕第一七巻、春秋社
同『原始仏教の社会思想　原始仏教Ⅷ』中村元選集〔決定版〕第一八巻、春秋社

いずれも大著であり、全部読みこなすにはかなり時間がかかるであろう。しかし、専門的、アカデミックな高水準の内容であるにもかかわらず、説明のしかたが平易で丁寧、しかも論理的であるため、一般読者も楽々と読み進めることができるはずである。なお、原始仏教といっても初期仏教といっても、指す対象はまったく同じである。

インド思想の流れのなかで仏教を理解するために便利なのは次の二書である。

中村元『インド思想史　第二版』岩波全書
早島鏡正・高崎直道・原実・前田専学『インド思想史』東京大学出版会

前者は、著者が一人ということで、全体の流れを理解するには最適である。ただし、全書の性格上、限られた紙幅のなかに、おびただしい量の情報が盛り込まれているので、内容はそう簡単には理解できない。この書はもともと講義ノートをベースにしたものであるから、やむをえないことでもある。

そこで大きな助けとなるのが後者である。執筆者が複数、しかも執筆者によって原語の訳が少し異なるなどのことがあって、通して読むときにやや抵抗をおぼえるという面がある。しかし、前者では数行で済まされていたところがこの書ではその数倍の分量で説明されていること、要所要所、説明の根拠となる原典の翻訳が資料として付せられていることなど、そうした弱点をカバーするにあまりある分量と構成になっている。こういうわけであるから、読者は、この両書を同時並行的に読み進まれるのがよかろうかと思う。

歴史的、社会的、文化的な背景を知ろうという人に薦めたいのは次の書である。

山崎元一『アショーカ王とその時代』インド文化叢書、春秋社

題名はずいぶん特殊な内容を想起させるが、じつは、この書は、マウリヤ朝の全盛期を築いたアショーカ王の時代を浮き彫りにするという構想のもとに著された、インド古代史の書なのである。写真、図版も豊富で、内容の理解の助けとなる。付章では「仏滅年代論」問題が扱われている。ちなみに著者は、南伝をより信頼のおけるものとし、北伝をもとにした論者たちの推理の矛盾点を鋭く批判している。仏滅年代論でまとまったものとしてはほとんど最新のものであるので、一読に値する。

インド仏教の流れのなかで最初期の仏教をとらえる、あるいは、最初期の仏教がのちにどのように展開していったかを知るには、次の書が最適である。

平川彰『インド仏教史』上下二巻、春秋社

ただし、これは相当に詳しくインド仏教史を記述したものであるため、たしかに丹念に読めば十分についていけるものであるとはいえ、ときとして仏教研究の専門家にとっても通読するのが難しいところがある。しかし、得られる情報量は厖大でありながらも、解釈に不明瞭なところがなく、この書を超える水準のインド仏教史の書は、国の内外を問わず、皆無に等しい。少しでも本腰を入れて仏教の勉強をしてみようかと志す人にとっては、必携の書である。

インド仏教は、インドの地を離れ、アジアの各地に、そしてわが国にも伝えられ、それぞれ特色ある展開をしてきた。このすべてを概観しようと思えば、次の書が大きな助けとなる。

平川彰『インド・中国・日本　仏教通史』春秋社

大学の教科書としてもよく用いられている書であり、「三国仏教通史」との通称をもつほど人気がある。書名には三国の名だけが見えるが、実際にはチベット仏教や朝鮮半島の仏教についても記述があるので、ほとんど「アジア仏教通史」といってもよい。この書は、著者が、『インド仏教史』を刊行したあとで執筆したものであるため、インド仏教史についての記述はしごく簡潔になっている。したがって、いきなり『インド仏教史』ではきついという読者にとっては、まずこの書で大筋を頭に入れ、それから、というような読みかたをするのが最善の道であろう。

必ずしも厳密に歴史的展開を追うというのではなく、ともかく仏教とはなんであるのかを概括的にとらえたいとなれば、次の書を薦めたい。

三枝充悳『仏教入門』岩波新書

これは、

中村元・三枝充悳『バウッダ［佛教］』小学館（のち講談社学術文庫）

を凝縮した内容となっているので、併せて読むとさらに理解が深まるであろう。

さて、概説書ばかりではなく、初期仏教の経典の信頼に足る現代語訳を読むことも必要となろう。キリスト教を学ぼうとする人が必ず聖書をひもとくのと対照的に、仏教を学ぼうとする人の多くが、概説書ばかり読んで経典を読もうとしないのはどうしたことであろうか。

初期仏教の経典は、部派仏教時代にそれぞれの部派が整備した律蔵、経蔵、論蔵の三蔵のなかに収められている。この古い三蔵を完全なかたちで保持しているのは、現在も南方仏教を支えている上座部だけである。この上座部の三蔵は、古代インドの地方語に由来するパーリ語で書かれている。

『南伝大蔵経』（全六五巻七〇冊）大蔵出版

は、その日本語全訳である。ただし、これは一般の読者にはやや手に入れにくいものであるし、何しろ戦前の訳なので、読みづらいものが多い。

最新の研究の成果にもとづいた正確で平易、しかも簡単に手に入れやすいものとしては、以下のものを薦めたい。

中村元訳『ブッダのことば――スッタニパータ』岩波文庫（ワイド版もあり）

これは、よく『経集』とも呼ばれる経典である。とくに韻文部分は、経典成立史上最古のもので、釈尊の肉声（金口《こんく》の説法）に最も近いものであろうとされており、まことに貴重な内容のことばが多い。本書でもここから多くを引用した。以下、中村博士の訳が並ぶが、いずれも、専門家にとっても大いに参考になる訳註が豊富に付されている。

中村元訳『ブッダの真理のことば　感興のことば』岩波文庫

『真理のことば』はパーリ語『ダンマ・パダ』（漢訳の『法句経』に相当）の、『感興のことば』はサンスクリット語『ウダーナ・ヴァルガ』の訳。前者は、『スッタ・ニパータ』と並ぶ古い成立の経典であり、平易なことばづかいでしかも短いものなので、上座部仏教においてだけでなく、全世界で広く愛読されている。後者は、成立史的には新しいが、内容は非常に古いものを含んでいるため、前者とともに一冊にまとめられ翻訳されているわけである。

中村元訳『仏弟子の告白——テーラガーター』岩波文庫

釈尊の高弟の比丘たちが、みずからの心境を韻文で語ったものの集成。これも成立史的に非常に古いもので、間接的とはいえ、釈尊の教えがどのようなものであったかを知る第一級の資料である。

中村元訳『尼僧の告白——テーリーガーター』岩波文庫

同じく釈尊に教えを受けた比丘尼たちの詩を集成したもの。『仏弟子の告白』と対になっている。比丘たちがみずからが到達した平安な心境を語っているのにたいし、比丘尼たちの詩には、それればかりでなく、みずからの暗い過去をも振り返ったものが多く、生なましさがある。

中村元訳『ブッダ最後の旅——大パリニッバーナ経』岩波文庫

『パーリ語涅槃経』と通称されるやや大部の経典の訳。内容は、訳書の題名どおり、入滅、荼毘、舎利八分にいたる釈尊の最後の旅の模様を詳細に追ったものである。そのため、ほかの経典とちがってドラマ性が高く、一篇の歴史物語としても楽しめる。いよいよ最期近しというときの釈尊の教えは、すべて、短いながらも格調の高いものばかりであり、釈尊の遺言集として貴重である。

中村元訳『ブッダ　神々との対話——サンユッタ・ニカーヤI』岩波文庫

中村元訳『ブッダ　悪魔との対話——サンユッタ・ニカーヤII』岩波文庫
も、古い仏教の教えが、平明な詩句で説かれている名品である。

学術文庫版あとがき

本書は、一九九五年にちくま新書として刊行されたものにもとづいている。それから一七年の歳月が流れ、今、講談社の学術文庫として再登場ということになった。感慨もひとしおといった感がある。

仏教の入門書、概説書のたぐいは、それこそ汗牛充棟、数えるのにいとまがないほどある。ただ、わが国の伝統的な仏教は、すべて大乗仏教の流れを汲んだものである。大乗仏教は、西暦紀元前後から、それまでの保守的な仏教の枠の外で生まれたものであるから、仏教の開祖であるゴータマ・ブッダ（釈尊）が説いた教え（原始仏教、初期仏教、根本仏教）とはかなりの隔たりがある。そのため、圧倒的多数の仏教書は、大乗仏教的な見地をゴータマ・ブッダの教えに無理やりねじ込んだものとなっている。

本書に特色があるとすれば、大乗仏教的な見地を完全に排除し、パーリ仏典や阿含経典、それも成立のもっとも古いものに忠実に即し、かつ、仏教が生まれてきた当時の思想的土壌をしっかりと踏まえたものとなっているということである。

原始仏教の研究は、これまで多くの学者によってなされてきたが、本書のような立場からするものは限られている。わたくしがこのような立場に立ちえたのは、一にも二にも、故中村元博士のおかげである。このことは、どれほど語っても語りきれないほどのことである。

一九九九年に中村博士が逝去されて、もう原始仏教の研究は終末を迎えたかと思ったが、最近、パーリ仏典や阿含経典の新しい現代語訳がつぎつぎと刊行され、また新しい時代を迎えている。昔と違い、だれもがゴータマ・ブッダの教えを直接に学べるようになってきたということである。

本書が、そのようにゴータマ・ブッダの教えを知ろうとする一般の人びとにとっての良き案内役として受け容れられることを、わたくしとしては切に願っている。

本書は一七年前に刊行されたが、その間に、この分野に関わるわたくしの思索も若干変化してきた。詳しくは、二〇〇四年に刊行された拙著『ブッダが考えたこと――これが最初の仏教だ』（春秋社）を参照して頂ければ幸いである。もっとも、本書の核心的な部分は、今でもまったく修正する必要はないと確信しているが、俗説がいかに不合理なものであるかということを詳細に知りたい方は、八年前のこの拙著を併せて読まれることをお奨めする。

パーリ仏典を今でも奉じているのはテーラヴァーダ仏教、いわゆる南方上座部仏教である。最近、わが国では、テーラヴァーダ仏教の支部のようなものが出来、精力的な活動を展開している。大いに参照に値すると思うが、注意しておかなければならないのは、テーラヴァーダ仏教は、ゴータマ・ブッダが入滅してからかなり経ってから成立した一部派であること、また、大乗仏教の影響を部分的にはかなり色濃く受けているということである。

わたくしも今や老境の域の入り口に達し、ヴァイシェーシカ哲学や『ヨーガ・スートラ』の研究など、やらなければならないことが山積みなのでやや焦り気味である。これから、インド思想史をしっかりと踏まえた有能な仏教学者が現れ、ゴータマ・ブッダの真の教えをめぐり、本書をしのぐ立派な一般書を刊行してくれることを期待してやまない。

講談社学術文庫として本書が刊行されるにあたり、編集部の稲吉稔氏には、一から十まで大変にお世話になった。心から謝意を表したいと思う。

二〇一二年一月
東京は中野の陋屋にて

著者しるす

KODANSHA

本書の原本は、一九九五年、筑摩書房より刊行されました。

宮元啓一（みやもと　けいいち）
1948年，東京生まれ。東京大学文学部卒業。同大学大学院修了。インド哲学，インド思想史専攻。博士（文学）。現在，國學院大学名誉教授。著書に『インド哲学七つの難問』『牛は実在するのだ！―インドの実在論哲学「勝宗十句義論」を読む』『日本奇僧伝』『ブッダ―伝統的釈迦像の虚構と真実』『仏教の倫理思想』などがある。

講談社学術文庫

定価はカバーに表示してあります。

仏教誕生《ぶっきょうたんじょう》

宮元啓一《みやもとけいいち》

2012年３月12日　第１刷発行
2023年６月５日　第６刷発行

発行者　鈴木章一
発行所　株式会社講談社
東京都文京区音羽 2-12-21 〒112-8001
電話　編集（03）5395-3512
販売（03）5395-4415
業務（03）5395-3615
装　幀　蟹江征治
印　刷　株式会社広済堂ネクスト
製　本　株式会社国宝社
本文データ制作　講談社デジタル製作

ISBN978-4-06-292102-2

「講談社学術文庫」の刊行に当たって

これは、学術をポケットに入れることをモットーとして生まれた文庫である。学術は少年の心を養い、成年の心を満たす。その学術がポケットにはいる形で、万人のものになることは、生涯教育をうたう現代の理想である。

こうした考え方は、学術を巨大な城のように見る世間の常識に反するかもしれない。また、一部の人たちからは、学術の権威をおとすものと非難されるかもしれない。しかし、それはいずれも学術の新しい在り方を解しないものといわざるをえない。

学術は、まず魔術への挑戦から始まった。やがて、いわゆる常識をつぎつぎに改めていった。学術の権威は、幾百年、幾千年にわたる、苦しい戦いの成果である。こうしてきずきあげられた城が、一見して近づきがたいものにうつるのは、そのためである。しかし、学術の権威を、その形の上だけで判断してはならない。その生成のあとをかえりみれば、その根は常に人々の生活の中にあった。学術が大きな力たりうるのはそのためであって、生活をはなれた学術は、どこにもない。

開かれた社会といわれる現代にとって、これはまったく自明である。生活と学術との間に、もし距離があるとすれば、何をおいてもこれを埋めねばならない。もしこの距離が形の上の迷信からきているとすれば、その迷信をうち破らねばならぬ。

学術文庫は、内外の迷信を打破し、学術のために新しい天地をひらく意図をもって生まれた。文庫という小さい形と、学術という壮大な城とが、完全に両立するためには、なおいくらかの時を必要とするであろう。しかし、学術をポケットにした社会が、人間の生活にとってより豊かな社会であることは、たしかである。そうした社会の実現のために、文庫の世界に新しいジャンルを加えることができれば幸いである。

一九七六年六月

野間省一

宗教

夢中問答集
夢窓国師《むそうこくし》著／川瀬一馬校注・現代語訳

仏教の本質と禅の在り方を平易に説く法話集。悟達明眼の夢窓が在俗の武家政治家、足利直義の問いに懇切丁寧に答える。大乗の慈悲、坐禅と学問などについて、欲心を捨てることの大切さと仏道の要諦を指し示す。

1441

歎異抄
梅原　猛全訳注（解説・杉浦弘通）

大文字版

流麗な文章に秘められた生命への深い思想性。悪人正機、他力本願を説く親鸞の教えの本質とは何か。親鸞の苦悩と信仰の極みを弟子の唯円が書き綴った聖典を、詳細な語釈、現代語訳、丁寧な解説を付し読みとく。

1444

喫茶養生記
栄西
古田紹欽全訳注

大文字版

日本に茶をもたらした栄西が説く茶の効用。中国から茶の実を携えて帰朝し、建仁寺に栽培して日本の茶の始祖となった栄西が著わした飲茶の効能の書。座禅時に眠けをはらう効用から、茶による養生法を説く。

1445

蓮如［御文《おふみ》］読本
大谷《おおたに》　暢順《ちょうじゅん》著（解説・前田惠學）

真宗の思想の神髄を記した御文を読み解く。蓮如が認めた御文は衰微していた本願寺再興の切り札となった。親鸞の教えと蓮如の全思想が凝集している御文十通を丁寧に読み解き、真宗の信心の要訣を描き示す。

1476

般若心経
金岡秀友校注

大文字版

「般若心経」の法隆寺本をもとにした注釈書。「般若心経」の経典の本文は三百字に満たない。本書は法隆寺本梵文と和訳、玄奘による漢訳を通して、その原意と内容に迫る。仏教をさらに広く知るための最良の書。

1479

修験道　その歴史と修行
宮家　準著

平安時代末に成立した我が国固有の山岳信仰。山岳を神霊・祖霊のすまう霊地として崇め、シャーマニズム、道教、密教などの影響のもとに成立した我が国古来の修験道を、筆者の修行体験を基に研究・解明する。

1483

宗　教

無門関を読む
秋月《あきづき》龍珉《りょうみん》著
無の境地を伝える禅書の最高峰を口語で読む。公案四十八則に評唱、頌を配した『無門関』は『碧巌録』と双璧をなす名著。悟りへの手がかりとされながらも、難解で知られるこの書の神髄を、平易な語り口で説く。
1568

一日一禅
秋月龍珉著（解説・竹村牧男）
師の至言から無門関まで、魂の禅語三六六句。柳緑花紅、照顧脚下、大道無門。禅者が、自らの存在をその一句に賭けた禅語。幾百年、師から弟子に伝わった魂に食い入る禅語三六六句を選び、一日一句を解説する。
1598

空の思想史　原始仏教から日本近代へ
立川武蔵著
一切は空である。仏教の核心思想の二千年史。神も世界も私すらも実在しない。仏教の核心をなす空の思想は、絶対の否定の果てに、一切の聖なる甦りを目指す。印度・中国・日本で花開いた深い思惟を追う二千年。
1600

正法眼蔵随聞記
山崎正一全訳注
道元が弟子に説き聞かせた学道する者の心得。修行者のあるべき姿を示した道元の言葉を、高弟懐奘が克明に筆録した法語集。実生活に即したその言葉は平易で懇切丁寧である。道元の人と思想を知るための入門書。
1622

インド仏教の歴史　「覚り」と「空」
竹村牧男著
インド亜大陸に展開した知と静の教えを探究。菩提樹の下のブッダの正覚から巨大な「アジアの宗教」へ。悠久の大河のように長く広い流れを、寂静への「覚り」と一切の「空」というキータームのもとに展望する。
1638

世親
三枝充悳《さいぐさみつよし》著（あとがき・横山紘一）
唯識の大成者にして仏教理論の完成者の全貌。現代の認識論や精神分析を、はるか千六百年の昔に先取りした精緻な唯識学を大成した世親。仏教理論をあらゆる面で完成に導いた知の巨人の思想と全生涯に迫る。
1642

宗教

頼富本宏著
密教とマンダラ
真言・天台という日本の密教を世界の仏教史のなかに位置づけ、その歴史や教義の概要を紹介。胎蔵界・金剛界の両界マンダラを中心に、その種類や構造、思想、登場するほとけたちとその役割について平易に解説。
2229

大貫　隆訳・著
グノーシスの神話
「悪は何処からきたのか」という難問をキリスト教会に突き付け、あらゆる領域に「裏の文化」として影響を及ぼした史上最大の異端思想のエッセンス。ナグ・ハマディ文書、マンダ教、マニ教の主要な断章を解読。
2233

大谷哲夫全訳注
道元「永平広録　真賛・自賛・偈頌《げじゅ》」
禅者は詩作者でもあった。道元の主著として『正法眼蔵』と並ぶ『永平広録』の掉尾を飾る最終巻。道元が漢詩に詠んださとりの深奥を簡明に解説し、禅の思想と世界を追体験する。『永平広録』訳注シリーズ完結。
2241

河口慧海著／高山龍三校訂
チベット旅行記（上）（下）
仏典を求めて、厳重な鎖国下のチベットに、困難を乗り越えて、単身入国・帰国を果たした河口慧海。最高の旅行記にして、生活・風俗・習慣の記録として、チベット研究の第一級の資料。五巻本を二巻本に再編成。
2278・2279

竹村牧男著
日本仏教　思想のあゆみ
聖徳太子、南都六宗、最澄・空海、そして鎌倉新仏教。インド以来の仏教史の到達点である日本仏教の高度な思想はいかに生まれたか。各宗派祖師の思想の概略を平易に解説し、日本人のものの見方の特質を描き出す。
2285

荒牧典俊・本庄良文・榎本文雄訳
スッタニパータ［釈尊のことば］全現代語訳
かくしてひとり離れて修行し歩くがよい、あたかも一角の犀そっくりになって——。現代語で読む最古層の原始仏典。師の教えに導かれた弟子たちが簡素な生活の中で修行に励み、解脱への道を歩む姿がよみがえる。
2289

東洋のこころ
中村　元著

東洋人の心性を育み、支えてきたものとは？　人心の荒廃が叫ばれる今こそ、我々の精神生活の基盤＝東洋のこころを省みることが肝要である。比較思想的な観点を踏まえ、碩学が多角的に説く東洋の伝統的思想。

1741

マルクス・アウレリウス「自省録」
M・アウレリウス著／鈴木照雄訳

ローマ皇帝マルクス・アウレリウスはストア派の哲学者でもあった。合理的存在論に与する精神構造を持つ一方、文章全体に漂う硬質の色を帯びる無常観。哲人皇帝マルクスの心の軋みに耳を澄ます。

1749

学問のすゝめ
福沢諭吉著／伊藤正雄校注

「天は人の上に人を造らず人の下に人を造らず」近代日本を代表する思想家が本書を通してめざした精神革命。自由平等・独立自尊の思想、実学の奨励を平易な文章で説く不朽の名著に丁寧な語釈・解説を付す。

1759

善の研究　全注釈
西田幾多郎著／小坂国継全注釈

日本最初の本格的な哲学書『善の研究』。西洋思想と厳しく対決し、独自の哲学体系を構築した西田幾多郎。人間の意識を深く掘り下げ、心の最深部にある真実の心は何かを追究した代表作を嚙み砕き読み解く。

1781

森のバロック
中沢新一著

生物学・民俗学から宗教学まであらゆる不思議に挑んだ南方熊楠。森の中に、粘菌の生態の奥に、直感される「流れるもの」とは？　南方マンダラとは？　後継者を持たない思想が孕む怪物的子供の正体を探る。

1791

法哲学入門
長尾龍一著

知の愛である哲学が非常識の世界に属するのに対し、法学は常識の世界に属する。両者の出合うところに立ち上がる人間存在の根源的問題。正義の根拠、人間性と秩序、法と実力など、法哲学の論点を易しく解説。

1801

高田珠樹著
ハイデガー 存在の歴史
現代の思想を決定づけた『存在と時間』はどこへ向けて構想されたか。存在論の歴史を解体・破壊し、根源的な存在の経験を取り戻すべく、「在る」ことを探究したハイデガー。その思想の生成過程と精髄に迫る。
2261

ヴィクトール・E・フランクル著／中村友太郎訳（解説・諸富祥彦）
生きがい喪失の悩み
どの時代にもそれなりの神経症があり、またそれなりの精神療法を必要としている――。世界的ベストセラー『夜と霧』で知られる精神科医が看破した現代人の病理。底知れない無意味感＝実存的真空の正体とは？
2262

木田 元著
マッハとニーチェ 世紀転換期思想史
十九世紀の物理学者マッハと古典文献学者ニーチェ。接点のない二人は同時期同じような世界像を持っていた。ニーチェの「遠近法的展望」とマッハの「現象」の世界とほぼ重なる。二十世紀思想の源泉を探る快著。
2266

鷲田清一著
〈弱さ〉のちから ホスピタブルな光景
「そこに居てくれること」で救われるのは誰か？ 看護、ダンスセラピー、グループホーム、小学校。ケアする側とされる側に起こる反転の意味を現場に追い、ケア関係の本質に迫る、臨床哲学の刺戟的なこころみ。
2267

コーラ・ダイアモンド編／大谷 弘・古田徹也訳
ウィトゲンシュタインの講義 数学の基礎篇 ケンブリッジ1939年
後期ウィトゲンシュタインの記念碑的著作『哲学探究』に至るまでの思考が展開された伝説の講義の記録。数を数えるとは。矛盾律とは。数学基礎論についての議論が言語、規則、命題等の彼の哲学の核心と響き合う。
2276

中島義道著
差別感情の哲学
差別とはいかなる人間的事態なのか。他者への否定的感情、その裏返しとしての自分への肯定的感情、そして「誠実性」の危うさの解明により見えてくる差別感情の本質。人間の「思考の怠惰」を哲学的に追究する。
2282

みちの辺の花
杉本秀太郎文／安野光雅絵

カラー版

日本の四季のうつろいを彩る花々。みちの辺でふと出会う野の花、山の花。季ごとに届けられた花を詩情豊かに描き、また、愛する花へのあふれる思いを綿々と綴る。身近で秘やかに咲く花への恋情こもる画文集。

1782

バロック音楽名曲鑑賞事典
礒山《いそやま》　雅《ただし》著

心の深奥を震わす宗教音楽、古楽器が多彩に歌う協奏曲、宮廷を彩る典雅な調べ、誕生したてのオペラ。カッチーニ、モンテヴェルディからヘンデル、バッハまで、西洋音楽史の第一人者が厳選した名曲百曲の魅力。

1805

近代文化史入門　超英文学講義
高山　宏著

ニュートンが新たな詩の形式を生み、王立協会がシェイクスピアを葬った。科学、歴史学、哲学、辞典、造園術、博物学……。あらゆる知の領域を繋ぎ合わせて紡ぎ出す、奇想天外にして正統な文化の読み方。

1827

中世・ルネサンスの音楽
皆川達夫著

グレゴリオ聖歌、ポリフォニー・ミサ曲、騎士世俗歌曲……。バロック以前の楽曲はいかに音楽史の底流を流れ続けたか。ヨーロッパ音楽の原点、多彩で豊かな中世・ルネサンス音楽の魅力を歴史にたどる決定版。

1937

漢詩鑑賞事典
石川忠久編

滔々たる大河、汲めども尽きぬ漢詩の魅力をいかに味わい、楽しむか。古代の『詩経』から現代の魯迅まで、中国の名詩二百五十編に現代語訳・語釈・解説を施し、日本人の漢詩二十四編、「漢詩入門」も収録する。

1940

北欧神話と伝説
V・グレンベック著／山室　静訳

キリスト教とは異なる独自の北方的世界観を有していたヨーロッパ周縁部の民＝ゲルマン人。荒涼にして寒貧な世界で育まれた峻厳偉大なる精神を描く伝説の魅力に迫る。北欧人の奥深い神話と信仰世界への入門書。

1963

山田英雄著（解説・山田貞雄）
日本書紀の世界
なぜ「日本書」でも「日本紀」でもなく「書紀」なのか――。あるいは、編纂者は誰か、元にした史書は何かなど成立の問題から、各巻の内容の的確な紹介まで、学術的でありながら平易に叙述した最良の入門書。

2220

ダンテ・アリギエリ著／原　基晶訳
神曲　地獄篇
ウェルギリウスに導かれて巡る九層構造の地獄。地獄では生前に悪をなした教皇、聖職者、作者の政敵が、神による過酷な制裁を受けていた。原典に忠実で読みやすい新訳に、最新研究に基づく丁寧な解説を付す。

2242

ダンテ・アリギエリ著／原　基晶訳
神曲　煉獄篇
知の麗人ベアトリーチェと出会い、地上での罪の贖いの場＝煉獄へ。ダンテはここで身を浄め、自らを高めていく。ベアトリーチェに従い、ダンテは天国に昇る。古典の最高峰を端整な新訳、卓越した解説付きで読む。

2243

ダンテ・アリギエリ著／原　基晶訳
神曲　天国篇
天国では、ベアトリーチェに代わる聖ベルナールの案内により、ダンテはついに神を見て、合一を果たし、三位一体の神秘を直観する。そしてついに、三界をめぐる旅は終わる。古典文学の最高峰を熟読玩味する。

2244

復本一郎著
俳句と川柳
俳句も川柳も同じ十七音の文芸。季語や切字の有無だけでは区別できない。ではその違いとは――新旧の名句を鑑賞し、俳人や川柳作家の創作観を紹介しながらそれぞれの本質を探る。鑑賞にも創作にも必読の書。

2246

松谷みよ子著
民話の世界
赤神と黒神、福の神と貧乏神、つつじのむすめ、小泉小太郎、そして龍の子太郎……。戦後児童文学の開拓者にして、長く民話の採録・再話に取り組んだ著者が描き出す、民衆の〈語り〉とその豊穣の世界へ。

2251

松前　健著
日本の神々
イザナギ、イザナミ、アマテラス、そしてスサノヲ。歴史学と民族学・比較神話学の二潮流をふまえ、神々の素朴な「原像」が宮廷神話へと統合される過程を追い、信仰や祭祀の形成と古代国家成立の実像に迫る。
2342

矢野憲一著
魚の文化史
イワシの稚魚からクジラまで。世界一の好魚民族といわれる日本人の魚をめぐる生活誌を扱うユニークな書。誰でも思いあたることから意表を突く珍しい事例まで、魚食、神事・祭礼、魚に関する信仰や呪術を総覧！
2344

宮家　準著
霊山と日本人
私たちはなぜ山に手を合わせるのか。神仏や天狗はなぜ山に住まうのか。修験道研究の第一人者が日本の山岳信仰を東アジアの思想の一端に位置づけ、人々の生活と関連づけながらその源流と全体像を解きあかす。
2347

丹羽基二著
神紋総覧
出雲大社は亀甲紋、諏訪神社は梶の葉紋、八幡神社は巴紋……。家に家紋があるように、神社にも紋章＝「神紋」がある。全国四千社以上の調査で解きあかす〈神の紋〉の意味と歴史、意匠と種類。三百以上収録。
2357

吉野裕子著（解説・小長谷有紀）
日本古代呪術　陰陽五行と日本原始信仰
古代日本において、祭りや重要諸行事をうごかした原理とは？　白鳳期の近江遷都、天武天皇陵、高松塚古墳、大嘗祭等に秘められた幾重にもかさなる謎を果敢に解きほぐし、古代人の思考と世界観に鋭くせまる。
2359

小泉武夫著
漬け物大全　世界の発酵食品探訪記
梅干しからキムチ、熟鮓《なれずし》まで、食文化研究の第一人者による探究の旅。そもそも「漬かる」とは？　催涙性の珍味「ホンオ・フェ」とは？　日本列島を縦断し、東南アジアで芳香を楽しみ、西洋のピクルスに痺れる。
2462

《講談社学術文庫　既刊より》